プロローグ

大学を卒業して初めて買ったＪＡＬの株は、はかなくも紙くずになった。もう二度と失敗はしないと誓い（誰に？）、安全だと信じて買った東京電力の株も原発事故で大暴落。国策で作った空港に赤字覚悟で離発着させたり、原発の安全性にお墨付きを与えておいて、悪質な国家による投資家詐欺みたい。悔しい。私はなけなしのお金を投資したのに。投資家の自己責任っていうのは、こんな詐欺的話にも当てはまるの？　どこかおかしい。

東日本大震災は私を変えた。生きている間に、あんな災害が起こるなんて。津波も、原発の事故も、まるで悪夢。日本は大丈夫なの？　これまでは政府が伝える情報は正しいと信じていた。だけど新聞やテレビの報道も、不安を解消してくれない。震災直後の原子力発電所の情報は二転三転したし、ただちに健康に影響を与えることはないといった曖昧な情報が飛び交った。何が正しくて、何が間違っているの？　自分で確かめなければいけないの？

私は一大決心をした。東日本の復興は進んでおらず、他人まかせでは不安は解消しない。私はもっと情報を得たいと思うようになった。自分の目で見たり、直接話を聞いたりして、情報の真偽を確かめたい。そうでないと、社会がどうなっているのかわからない。不安の正体は、自分で情報を収集し、取捨選択して、自分で解釈できないためだ。自分を知るためには社会を知らなくては。そんな思いで、やっと入社した会社に辞表を出して、新聞社に転職した。社会部の配属は希望通り。

「がんばれ日本」って言っても、何も始まらない。イベントや町おこしは、被災地の復興に重要だと思い、いろいろな企画を取材してきた。だけど私の抱える社会に対する不安や憂鬱は、何かもっと根本的な問題のような気がする。社会部でも議論がまとまらない。転職したのに、何をして良いかわからなくなった。山ほどの情報が集まるけど、何を選択したら良いのかわからない。情報の価値がわからないんだ。何かをしなくては。そんな気持ちで、久しぶりに大学のホームページを見ていたら目に入った。社会人のための大学院だ。

大学を卒業すれば勉強とは縁が切れると思っていた。だけど、社会人になったら毎日が勉強。みんなが口をそろえて言う。「大学時代にもっと勉強しておけば良かった」って。大学院は、私の悩みを解決してくれるだろうか？　私には、いまの自分がわからない。仕事の価値が見いだせない。社会はどこに向かっているのか？　こんな疑問が次々に生まれる。

将来に対する漠然とした不安感は、震災だけのせいじゃない。少子高齢化で年金が危ない。財政赤字も天井知らず。私の老後はどうなるんだろう。元気な新興国とは対照的にアメリカもヨーロッパもおかしい。超がつく円高で、多くの日本の会社は業績を悪化させ、新卒採用はかなり厳しいらしい。今まで雇用されている人も職を失いかねない。大企業だけでなく、中小企業までもが海外に出ていくっていうから。

これからの日本人は、会社とどういうつき合い方をしていくんだろう。いまの会社に定年まで勤めるつもりなのだろうか？　いや、勤められるのかな？　会社が無くなっちゃったり、海外に出て行ったりすれば、リストラされて、転職先を探すんだろうか。盤石と思っていたＪＡＬも東電だって、どんな大会社も確かな明日なんてない。

会社が元気をなくすと、社会全体の元気がなくなって来ちゃう。震災の復興も会社次第かもしれない。会社が元気を取り戻すことができれば…これって精神的なストレスなんだろうか？　人間は社会的動物ってことかな。だけど、私たちが元気を出さなきゃ、会社も復興しない。会社は人が財産っていうから。私たちは、自分を見つめ直す機会を作らなきゃ。社会人の学びは、社会の復興に欠かせないと思う。

私の意見は社会部でも理解してもらった。社会人の学びについては、みんなが興味を持っていた。もちろん、新聞社の勤務は、夜も忙しい。だから、自分たちが通えるとは思っていないようだ。そして、社会部の仕事として、私が取材することに。アポは、やっぱり自分の母校になった。大学時代のゼミの教授に「社会人の学び」というテーマで取材を申し込んだ。

本書は、悩める彼女が社会人の学びについて取材するところから始まる。彼女が選んだのはＭＢＡコースで学ぶ社会人。ＭＢＡとは、Master of Business Administrationの略、日本語では経営学とか経営管理学の修士課程を意味する。ＭＢＡを修了すると、修士の学位を取得できる。日本における学位は、経営学修士や経営管理学修士などである。しかし、ＭＢＡは、学校教育法が定める正式な名称ではない。欧米のいわゆるビジネススクールのコース名称である。

経営学は、ビジネスパーソンの必須アイテム。その正体を真摯に見つめて、自分の可能性を考え直そうという物語だ。

ビジネススクールの取材をしながら、経営学を学ぶことの意義や経営学そのものに対する疑問などを考える。前半は、主としてビジネススクールの取材を中心に、社会人がなぜ経営学を学ぶのかを考える。後半は、興味の対象が経営学という学問そのものに移り、その解明に注力することになる。

経営学は比較的新しい学問である。学問にはそれぞれに固有の問題意識と対象がある。物理学や化学、生物学など自然を対象とする学問は、その成果の応用段階で私たちの生活に還元される。人間は自然の中に生き、自然環境からの恩恵を受けると同時に、自然の脅威にさらされている。人間の歴史は、基本的には自然と共存するための仕組みづくりであった。

ひるがえって、経営学は何を目的にしているのか。何を見ようとしているのか。これを明確にしなければ、経営学を学ぶ意義はない。大学生が学部を選ぶ際、彼ら／彼女らは何を期待して経営学部を志願するのであろうか。大学を卒業した後に、ビジネススクールで経営学を学ぶ社会人諸氏。彼ら／彼女らの目的は何であろうか。金儲けや出世が目的なのであろうか。経営学は、彼ら／彼女らの目的をかなえているのであろうか。

経営学を学ぶだけで、誰もが所得を倍増できるとすれば、経営学部やビジネススクールの志願者はもっと増えるかもしれない。残念ながら、経営学を学んでも、あなたの所得が増加するという保障はない。

経営学は、新しい学問領域だが、それでも100年以上の歴史を有する。短い歴史ではあるが、確かな重みがある。つまり、社会的に価値ある学問ということである。社会に貢献しない知識は、多くの情報や奥の深い分析をしようと、オタクとしての趣味的な知識にしかならない。

経営学は何に貢献したのであろうか。経営学が社会科学である以上、社会を豊かにすべきである。したがって、経営学は、社会の所得や富を増加させているはずである。あなただけの所得が増加すれば、あなたは経営学の価値を認識しやすい。しかし、社会が全体的に豊かになり、他人と同じように所得が増加すると、あなたは経営学の価値を認識できないであろう。

松田教子は、教授への取材やビジネススクールの体験学習を通じて、経営学について考える。このプロセスは、社会科学として経営学の意味を問うものである。社会や企業という人間の活動の場、人間の営みが何なのか、どうすればより良い社会や企業になるのかを考える。本書の中で、仮説や証明などの方法論的な説明がある。それは、私たちが人間の行動について分析し、自らの主張を説得力のある説明方法で伝えるために必要な道具なのである。物事を論理的に考察し、これを伝えるために経営学を学ぶ意義は高い。

目次

第1話

経営を学ぶ大学院って何ですか？

取材開始

　先生の研究室に急がなくっちゃ。私のゼミの指導教授は亀川先生、私たちはカメちゃんって呼んでいた。亀のつく人は、誰でもカメちゃんになりそう。もちろん、本人を目の前にしては呼べないけど。

「先生、ご無沙汰しています」

「お～、教子。どうだった？　元気そうだけど、転職したんだね」

「はい、こちらの新聞社に。まだ慣れないんで結構大変ですが、面白くて頑張ってやっています」

「それは何より。それで、大学院の取材だって？」

「はい。私、大学院のことについては、あまり情報がないんです。大学時代にも、大学院があるってことすら知らなかったし、考えたこともないんで」

「そうでしょうね。普通の学生は大学院のことなんか考えないで、就職活動をして、卒業しますから」

　私は取材用のメモ帳とボイスレコーダーを取り出してスイッチを入れた。

「それで、どんな人が大学院に進学するんでしょうか？」

「良い質問ですね。でも、大学院にもいろいろあるでしょう。それぞれに進学目的は多様ですよ」

「経営関係の勉強をする大学院について取材したいんです」

「なるほど。経営系の大学院にもいろいろありますからね。学部からすぐに進学して、研究者になろうという人や、税理士や公認会計士などの専門職に就きたいと考えている人、あるいはコンサルティング会社に就職したいと思っている人もいる」

「専門家になろうという人たちですね」

「うん。技術系の研究は別だと思うけど、ちょっと前までは、大学院に進学しようとしている学生の多くは、研究者になろうとしている人が多かったんだよ。大学の教授になりたいとか。でも、研究者の世界は結構特殊なんだ。大学院を修了して、就職活動をすると職に就けるというもんじゃない」

「なるほど。研究者ですか。でも、今回は、普通の社会人の方が大学院で学ぶことについて伺いたいんです」

「そうだよね。研究者養成の大学院教育は、特殊な世界だからね。社会人の大学院は、もっと一般的なものになると思うよ」

「一般的？　社会的に認知されるってことですね」

「そうだね。学部を卒業してすぐに進学するこれまでの大学院は、深く専門的に研究することを目的にしているけど、一握りの特殊なニーズに対応した教育機関だったわけだ。社会人の教育は、もっと広いニーズに対応させなければならない」

「だけど先生、どういう勉強をするんですか？　社会人は何を勉強したら良いんでしょう？」

「社会人が勉強しようというのは大事なんだけど、しっかりとした研究目的を持って、この問題を追究したいなんていうことを考えている人は少ないでしょうね。もし、そうした社会人がたくさん入学してきたら、教員も対応できません。専門的な研究テーマの指導は、大変な労力が必要になる。だから大学院を設置するには、研究指導ができる専門の教員を準備しなければならない。でも、特定分野の専門性を追究しないＭＢＡコースは、初めて経営学を学ぶ社会人も集うわけ。何だかわからないけど経営学を勉強したいという」

　ＭＢＡは、ビジネススクールだ。大学院といっても、ビジネススクールとその他の大学院は性格が違うんだ。学部時代から専門の勉強をして、テーマを絞り、研究目的と研究計画を持って進学する大学院とは性格が異なる。そうすると、社会人にとっての大学院は、何を学ぶところなんだろう。

社会の停滞が大学院を変える

「先生、それではMBAとかビジネススクールについてもう少し詳しく教えてください」

「MBAっていうのは、ビジネススクールで取得する学位ですよね。本学でいわゆるビジネススクールを開設しようという動きは、1990年代の終わり頃でした。90年代というのは、バブル崩壊から立ち直れないまま、失われた10年といわれるように、日本経済が停滞した時期ですね。もちろん、現在まで、日本経済は元気がありません。2000年代のはじめには、景気が良いとされる時期もあったけどね。戦後、最長の景気といわれたけど、多くの人は実感しなかったでしょう」

「そうですね。確か2002年から07年までは好景気だったんですよね。でも実感はありませんでした。最初の会社に入社してまもなくでしたが、あまり良い思い出はありません。効率性を追求するからって、どんどんコストがカットされたり、退職金の割り増しを受けて早期退社する先輩やリストラされる人も多かったです」

「今から考えると失われた10年ではなく20年が失われたわけですよ。そうした喪失感の中だからこそ、社会人のためのビジネススクールが要望されたんです。社会に出てから、もう一度学びたい、学ばなければならない、そういう社会情勢にあったんだね」

あまり明るい環境ではなかったわけだ。今も同じだけど。

「これまでのように、いつも通りの仕事をしっかりとこなしていても会社は成長しない。知らない間に業績が落ちていく。係長や課長になる人の数が減り、いつまでたっても出世できない人が増えてくる」

何ともいえない重苦しさ。将来展望がないっていう感じかな。

「漠然とした不安や自分の将来を考える人が増えてくるわけだね。円が高くなっているから。今はもっと高いけど。日本から産業がなくなる不安、産業空洞化で雇用が減っていく現状だね。文科省も、こうした現実をふまえて、社会人のための夜間主大学院とか、高度専門職業人の養成を目的とした専門職大学院*を考えることになる。ロースクールやビジネススクールは専門職大学院の代表例だよ」

「専門職大学院。これは重要な制度変更ですよね。専門の職業を深く勉強する職業学校のような大学院ですか？」

「職業学校か。そんなイメージかな。専門職大学院という制度ができたのは2003年。専門職大学院は研究者の養成が目的ではないので、修士論文や研究指導が必要ないんだよ。実際には、論文を課しているところは多いけどね」

解説　文部科学省のホームページには、時代が求める新しいタイプの大学院として専門職大学院が説明されている。そこでは高度専門職業人養成を目的とした大学院で、理論と実務を架橋する教育を行い、事例研究、現地調査などの実践的な教育方法を採用し、研究指導や論文審査を必須とせず、一定割合の実務家教員を置くことなどが定められている。法科大学院、会計、ビジネス・MOT（技術経営）、公共政策、公衆衛生、さらには教職大学院も開設されている。

コラム　研究者養成を目的とした大学院の形骸化

「今回の取材とは直接関係ないけど、そもそも大学院の多くは、研究者の養成を目的にして設置されているんだ」

「そうですね。教授のような研究者がいないと、大学自体が存在しないんですよね」

「うん。でも、右肩上がりに成長して、大学もたくさん設置されていた時代は良かったけど、いまは何年勉強しても、大学に就職できるという約束はできない。地方の大学は定員割れで大変だし。一方で、企業の社長やマスコミの有名人なんかが、大学で教えたいと思っている。大学側も広告塔として利用しようと考えているからね」

「だけど研究なんかしていなくてもテレビに出ている有名人が教えられるんですよね」

「講演なんかをしているから、大学で授業するのも同じようにできると思っているようだね。でも2〜3回の授業はできても、15回の授業を体系的に行うのは結構大変なんだ。異なる内容の科目を2つ以上は受け持つからね。研究者がどういうものか錯覚している人も多いんだ」

「いずれにしても研究能力が問われるわけですね」

「そうだね。でも能力の有る無しに関わらず、研究職に就くのは大変なんだよ。だから、昔から、教授たちは、学生に大学院への進学を勧めなかった。大学が増えているときでも、一人前の研究者に育てて、就職させるのは大変なんだ。人の研究より自分の研究に没頭したいからね」

「自分の研究ですか」

「そう。優秀な大学院生は研究助手になるけど、普通は学部の学生よりも負担が大きいんだよ。私が大学院を受験したころは、1学年数名で、ほとんど研究職を希望していましたから、私の指導教授は迷惑だったんだろうね。もちろん、当時も、税理士の資格免除を目的とするような大学院はあって、比較的大勢の学生を集めていましたよ」

「1学年数名ですか？　そうすると、数名で授業するんですか？」

「一対一の授業も多かったんだよ。だから、突然、具合が悪くなっても休めない。先生が研究室で待ってるからね」

「最近は、どうなんでしょうか？」

「大学院の数が増えましたから、進学する人も増えているようですね。しかも、文部科学省が定員管理を厳格に始めた」

「定員管理？　なんですか、それ」

「大学には定員があるんですよ。設置基準というのがあり、学生の定員に応じて教員の数や施設の規模などを決めているんです。定員に満たないと、社会的なニーズがないということで、補助金を減額されたりするわけ」

「なるほど。大学院も同じように管理されているわけですね」

「そうです。最近のことなんですがね。でも、当たり前ですよね。教員が100人いるので、その分の給与を補助してくださいっていっても、数名の学生しか勉強していなければ、税金で負担するわけにはいかない」

「そうすると、定員管理をすれば大学院生は増えるんですよね」

「国立なんかは増えましたね。でも私立は難しいんだ。補助金は私学より国公立に手厚いでしょう。だから、授業料は、昔から国公立の方が安い。そこで定員を管理する」

「そうなると?」

「国公立は、定員を満たすために、いままでだったら合格させなかったような学生まで合格させてしまう。これは成績の良し悪しだけではないんですよ。これまでは学部時代にゼミなんかで指導していた学生の中から、研究者になれそうな優秀な学生だけを進学させてきたんだよね。だけど、定員を増やさなければならなくなると、学部時代の指導経験がない他大学の学生を入学させることになった」

「なるほど、そうなると授業料の高い私立は、大学院生の志願者が減るわけですね」

「そうなんだね。これはかなり深刻なんですよ。研究職に就こうと思っている学生と、就職先が決まらなかったんで、とりあえず進学する人も、みんな国公立の大学院に進学する時代なんだよ。比較的簡単に受かっちゃうんだ」

「それでは、私立の大学院は定員の確保が難しいですね」

「そう。だけど、多少とも実力のある私大は、奨学金などを準備して、院生を確保しようとしているんだ。そうしないと、私立の大学院は、外国人留学生だけになってしまう。ひどいのは就労のために留学するというような脱法行為もあるようだ」

教員の変化

「私立の多くが研究者養成の大学院を設置しているのに定員が集まらずに形骸化する。一方で、社会的要請としては実務の世界での専門職業人の養成を期待している」

「なるほど。需給ギャップですね。文科省も新しい学校の必要性を感じていたから、タイミングとしてはグッドですよね」

「そうだね。当時は理論と実務を架橋する大学院がほとんどないんだよ。だけど、一般的な大学院は、研究者養成を目的としていたから、実務家の育成を目的とした大学院とは、対象とする人も、カリキュラムの内容もまったく異なっていたわけだ」

「そうすると、教える側も大変ですよね」

「まったくその通り。ビジネススクールに関しては、文科省も確かなものを持っていなかったから、社会人のためのビジネススクールを作るとなると、文科省の担当者と一緒に考えることになる。社会人の教育には、どのような仕組みが必要なのか。カリキュラムはどうあるべきか。実務家教員の評価は、どのようにしたら良いかってね」

「文科省にとっても初めての試みだったんですね。だけど、当時も、ビジネススクールのような大学院はありましたよね」

「そうだね。だけど、日本ではビジネススクールはマイナーな存在だったから。実践的な知識や教育は、研究業績のある人には関心がなく、ビジネススクールの教育は実務で優れた経験を持つ人が携わるわけ。とはいえ、どのような実務家が大学院教授としてふさわしいかを知る方法がないんだ。大学院教授の評価基準が難しい。だから、採用方法なんかもわからない」

「先生、これまでの大学教授はどのように採用されていたんですか?」

「専門分野の科目がはっきりしているでしょ。そうなると、その分野の研究をしている教授がいるわけだ。そうした先生たちに、専門の学会等で声をかけて推薦してもらう。それぞれが指導している大学院生などをね。もう1つは、各大学に公募するんだよ。担当予定の科目や必要な学位などを記載してね」

「そんな世界があったんですね」

「いまでも、同じような方法だよ。インターネットで公募することができるからね。だけど、実務の世界では通用しない。論文を書けるような研究指導をするとなると、実務家でありながら論文等を発表した経験がある人が望ましいでしょ。だけど、そんな人はめったにいない」

「なるほど。そうなると教授探しから試行錯誤ですね。教員免許は持っているんですよね」

「大学の教授に教員免許はないんだよ。研究業績で判断してきたから、教育に関する勉強をしていない。教えることができるかどうかもわからない」

「え〜。大学の先生って免許を持っていないんですか」

「そうだよ。免許では研究の質は測定できないからね。だけど、社会人のための大学院は研究が目的ではないでしょ。大学院が認可されて、学生が集まっている大学院でも、社会人の目は厳しい。自分のお金で授業料を払うでしょ。自分の期待する授業と違えばクレームを出す。2チャンネルだとか、さまざまな方法で大学院の授業やカリキュラム情報が流れるわけ」

「社会人のレベルが高いっていうことですか？」

「いや、そうではないよ。理解できない授業をすれば、理解できないというだけだ。学生のレベルに合った授業をしないといけないということだね。レベルとしては学部の授業の方が高いこともある」

「なるほど。私が入学しても高いレベルの授業内容だと理解できませんから」

「これまでは、大学も大学院も、いったん設置基準を満たして認可されれば、問題なしとみなして、何年もカリキュラムを変えず、授業内容の見直しや、教授法を改善することなく、10年でも20年でも同じ講義をする教員がいたわけ。それが許された」

「学生時代は、教授の授業に不平不満を言えませんでしたからね」

「教子の時代は、もう授業の改革が進んでいたからね。授業評価をしたりしていたでしょ」

「そうですね。授業評価アンケートを書いていました」

「私が学生だった頃の先生は15分以上遅れて教室に入り、10分前には終わっちゃうなんていう授業が結構ありましたよ。でも、いまはチャイムが鳴る前に教室に入り、チャイムが鳴るまで授業しているからね。休講だってほとんどしていない」

「休講も多かったんですか？」

「学会だとか、病気だとかで2回か3回休む先生が多かったですね。30年以上前の話ですよ」

「授業料を返せって言わないんですね」

「昔の学生は、休講を喜んでいたし、あまり授業の出席率も高くなかったんだよ。学生に理解させようと努力したり、興味を持たせるような授業をしよう、なんて教授は稀でしたから、授業が面白くない。当然、つまらないから出席したくない」

「不真面目な学生が多かったから教授も怠けていられたんでしょうか？」

「逆だろうね。教授が不真面目だから学生が真面目になれない。日本の学校の多くは、認可されると、その後は評価されることがなかった。入学試験に合格すれば、あとは何とかなるというような入口の管理だね。途中や出口はどうでもいい。学生も教員も、それを当たり前としてきた。だけど、社会人を対象とした大学院は、そんなルーズなことが許されない。そうした反省から、第三者評価のような仕組みが必要になるわけだ」

「第三者評価？」

「第三者評価っていうのは、大学改革の柱の1つで、文科省が提唱したものなんだ。象牙の塔と揶揄された大学を外部から評価しようというものだね」

「外部評価ですか」

「うん。そもそも目的を持った活動は評価が必要になるでしょ。目的にかなっているかどうか」

「ええ」

「自分の目的が達成されているか、現在の活動が目的に沿った活動かどうかをチェックするのは当然だよね。だけど、自己点検や自己評価では甘くなることないかい？」

「自分の評価ですか。そうですね。私の場合、そうしたチェックもしていないかも」

「そうなんだ。大学も、自らの教育目的や社会的な使命を達成するために、きちんと点検していれば問題ないんだけど、ついついおざなりになる」

「そこで外部評価なんですね」

「そう。学外の専門家や客観的な立場から評価してもらい、これを社会に公表する」

「なるほど。いいかげんでいられなくなるわけですね」

「嫌々従わせるわけだね。こうでもしなければ改革しないと考えたわけだ」

「社会人のための教育が日本の学校制度を変化させたっていうことでしょうか？」

「そうかもしれないね。そもそも多くの学校教育は、社会の要請を無視しては存在しない。男女の違いが強調された時代は、家庭内の仕事と家庭外の仕事の分業が必要だった。いまのように家電製品が充足していないので、掃除や洗濯、炊飯等の仕事は専業の主婦がいなければ成立しなかった。雑巾がけや洗濯板を使って盥（たらい）で衣服を洗う。薪を割り、釜を炊いて炊飯や風呂を沸かす。家事は重要な社会的ニーズを持っており、家庭で仕事をする女性が育児も担わねばならなかったわけだ」

「学校教育は社会を成立させるために必要だったんですね」

「うん。こうした男女の分業は教育にも反映していたんだ。女性は、こうあるべきだという。女性のみを対象とした短大の家政科などは時代の要請だったんだよ。もちろん、男女の問題だけではない。工場などの職場では時間管理が徹底され、教育の現場でも時間厳守が叫ばれた。授業に遅刻するのはもってのほかだったんだ」

ビジネススクールのニーズ

「ＭＢＡは社会の要請ということですね。欧米の社会的な状況は日本に先んじていたんでしょうか？」

「欧米のみならず、近年ではアジアでもビジネススクールのMBA取得が出世の常道、必要条件とも考えられるようになってきた。MBAの学位を取得することで、ほとんどの人が雇用条件を変えるわけだね。給与も上がるし、幹部候補になるわけ」

「給与が上がるんですね。昇進も早いってことですか」

「ビジネススクールの教育内容を社会が評価しているということになるね」

「日本の社会では評価されていないんですか？」

「まだ、歴史が浅いからかもしれない。アメリカでは、ハーバードがすでに100年以上の歴史を持つし、ヨーロッパでも50年以上の歴史がある。幹部を養成するための士官学校のようなものだね。もちろん、歴史だけではないと思うよ」

「ハーバードは100年前ですか。日本では専門職の制度ができて、まだ10年ぐらいしか経っていないわけですね。どうしてですか？　随分、遅れていると感じますが」

「100年前のアメリカを想像してごらん。ハーバードがビジネススクールを作った理由がわかると思うよ。20世紀の初頭は、アメリカでビッグビジネスが台頭してくる時期でしょ。小規模な経営から大規模な組織に変わり、経営に関する知識が必要となったんだろうね」

「アメリカの社会が要請したということですか？」

「大学時代に、フレデリック・テーラー（F. W. Taylor, 1856–1915）の科学的管理法やアンリ・ファヨール（J. H. Fayol, 1841–1925）の管理過程論なんていうのを習ったでしょう。テーラーは、時間研究や動作研究によって標準作業量を決め、課業管理や賃金制度の改革を提案、「科学的管理の父」と呼ばれた実務家ですね。１９０３年に『工場管理』、１９１１年に『科学的管理の諸原則』を刊行している」

「本にまとめるんですから、単なる実務家ではありませんね」

「そうだね。だから、経営学史の中で取り上げられるんだけどね」

「なるほど」

「ファヨールも同じですよ。彼は、企業活動を技術、商業、財務、保全、会計、管理の６職能に分類し、計画・組織化・命令・調整・統制の一連の管理過程について14の一般原則にまとめたんだね。それで「管理原則の父」とも呼ばれている。１９１７年に『産業ならびに一般の管理』を刊行し、管理過程学派の始祖と呼ばれているんだ」

「14の一般原則ですか。企業活動を６機能に分類するのも大変ですね」

「分類したり、まとめるのは科学として重要な仕事なんだよ。いずれにしても、どちらも１９１０年代に発表されている。古い経営手法と新しい経営手法が衝突している時期だね。それは社会の激動期でもあったと思う。企業も個人も、何をすべきなのかを悩み、不安に思ったんじゃないかな。経営学は、こうした混沌の中から生まれ、社会がビジネススクールを要請したんだろう。社会のニーズがなければ、誕生しないと思うよ」

「混沌の中から新しいものが創成するには、それなりの社会的エネルギーが必要ですよね」

「うん。アメリカやヨーロッパには社会的な要請があって、たくさんのＭＢＡコースが生まれた。だけど、大学設置基準が厳しい日本では、文科省がＭＢＡの必要性について考えないうちは表舞台に立てなかったわけだ。古くからビジネススクールを開講していた大学もあるけど、どこも学部の教育が中心だったんだよ」

「それが２０００年頃を境にして増え始めるわけですね」

「日本社会における時代の要請だね」

「現在、日本のビジネススクールは、どのくらいの数があるんですか？　日本で一番古いビジネススクールっていうのはどこでしょう？」

「ビジネススクールという定義を専門職大学院に限定すれば、それほど多くはないよ。数えるほどだ。そもそも大都市圏しかニーズがないから」

「大都市ですか」

「そうだね。やはり東京になるかな。地方の大学も、わざわざ東京にサテライトを設けているくらいだ。関西ですら難しいんだ」

「そうすると、まだ日本ではビジネススクールの時代ではないと？」

「そうかもしれないね。だけど、専門職大学院のみならず、これまでの大学院の仕組みの中で高度専門職業人を養成するカリキュラムを展開している大学院は多いと思うよ。それに、日本の専門学校は、ほとんどが職業学校で、専門家の養成だからね。専門職大学院とはいわないけど、調理師免許を取得する学校や保育の専門学校、会計士や税理士、弁護士などの難関国家資格の試験対策は、専門学校が担ってきたからね」

「専門学校と専門職大学院が比較されるんですね」

「社会経験のない会計士や弁護士が、筆記試験対策で誕生することに問題を感じていたんだろうね。だけど、専門職大学院になっても、資格という点では同じような問題が生じることになる」

「どんな問題ですか？」

「資格制度が持つ本質的な問題かな」

「本質的ですか」

「そう。この問題は重要なんだけど、その前に関連する問題を話しておこう。日本では経営の知識なんていうのは、会社に入ってから学べば良いという考えが強く、学部や学科を問う必要もなかった。会社の中で、人材を育成するというのが日本的な経営だったわけだ。もちろん、いまでも社内で人材を育成している会社が多いと思うけどね」

「そうですね。前の会社でも社内研修があったし、学部や学科も関係ありませんでした。エンジニアや理系出身者は、少し別だったけど。現在の職場なんて、毎日が研修みたいな感じです」

「だけど、経済環境が変化し、社内の教育コストが重荷になってきた。自社で人材を育成する余裕がなくなってきたわけだ。会社に任せていたら、自然と知識が身についていた時代が終焉した。欧米に遅れること数十年、遅ればせながらMBA教育に乗り出すことになる。経済の停滞が欧米よりも遅くやって来たからだ。これは日本の会社経営が比較的順調だったということでもある。しかし、バブル崩壊からの失われた10年、どうしようもない閉塞感、これが2000年のはじめの頃の状況だね。企業は自社で人材を育成する余力がなくなってきていた。そうした状況の中で、文科省が社会人の再教育を必要と感じたんだ」

競争が大学院を変えた?

日本の大学院は、文科省次第なのか。文科省の設置基準っていうのは厳しいんだ。設置基準を甘くすれば、たくさんの大学院ができて良いと思うんだけど。でも、日本は規制社会。何をするにも規制があるって。介護施設なんかは不足しているけど、なかなか役所が許可しないようだ。役人は厳しい規制を作ることで、自分の責任を転嫁しようとしているみたい。だけど、自民党の小泉首相の時代には規制緩和が進んだんじゃなかったかな?

「先生、社会人の再教育の必要性は、文科省の姿勢を変化させるんですか?」

「うん。だけど学校法人という特殊な制度でしょ。アメリカのような個人の財産や寄付で成り立つ学校なら、社会の変化を見逃せないでしょう。社会が変化すれば、企業が変化するのは当然です。でも、自分の財産と無関係に存立しているようだと鈍感になる。それでも、遅ればせながら各省庁の姿勢も変化します」

「国は環境の変化に鈍感なんですね」

「国というより官僚機構かな。だけど、各自が自由に参入と退出を繰り返す競争社会を実現しようと思えば、規制緩和が必要になる。ですから、文科省の姿勢も随分と変わりました。株式会社の大学ができたり、ロースクールや会計専門職大学院ができましたね。学部の新設もそれほどやかましくなくなった。昔の基準と比べると、本当に緩和されたと思います。自由に参入しなさいと。ただし、それぞれの大学が自己責任で学部や大学院を設置するという考え方への変更です。もちろん、まだまだ厳しい部分はあるけど、ある程度の厳しさは、重要だからね」

「文部科学省の規制緩和が進んだということですね。だけど、規制は必要ということですか?」

「製薬会社が自由に薬を作って販売するのは怖いでしょ。お医者さんに医師の国家資格がないとしよう。救急車で運ばれた病院のお医者さんに、〝あなたは僕の初めての患者です。緊急オペが必要ですが、よろしいですね〟こんな状況になったら本当に怖いよね」

死ぬほど怖いっていうか、初めて手術するっていうことがわかったら、国家資格があったって怖い。

「製品やサービスには、いろいろな規制があるんだけど、必要な規制をクリアしていないと心配で購入できないでしょ。販売する側と購入する側には情報の非対称性があるわけだ。大学も同じ。カリキュラムや授業をする先生の人数や能力、それに教育のための諸施設、教育事業の継続性が確保されていないと、入学金や授業料を支払っても、卒業するまでに必要なことを教えてもらえるかわからない。途中で、学校が倒産してしまうこともあるから。英会話学校などで、そうした事例があったでしょ」

なるほど。設置基準も必要性があるんだ。そういえば何年か前に建築士による耐震偽装事件があったっけ。鉄筋の数を減らして、コストを下げることができる優秀な建築士として、マンションの建築主や販売会社などにとっては、モテモテの設計士だった。建築基準がなければ、こんな事件は起きなかったけど、基準がないと、マンションの建設段階から鉄筋の本数をチェックしないと怖くて購入なんかできない。だけど、あの事件は、偽装を見抜けなかったから、危ないマンションがどんどん建っちゃた。加害者側とされた社長でさえ、危ないマンションに住んでいたっていうから。

基準を作っても、信用できない人たちが審査するんだったら意味がない。きちんとした第三者機関がお墨付きを与えないと。なんでも規制緩和ってわけにはいかないけど、規制が誰かの利益につながるともっと怖い。

「日本で学校に厳しい基準を設けるのは、補助金を出して、認可した学校は1校たりともつぶさないという考え方があったからだろうね。カリキュラムから教授の人数や質、教室や運動場の広さ、図書の冊数までが管理される。でも、つぶされないとわかれば、経営者も教職員も、のんびりしてしまう。基準を守る最低限のことをしていればよいわけだ」

そうか、規制が厳しくて参入障壁となると、これに甘んじて成長や発展が阻害される可能性があるんだ。そういえば、日本の銀行も、護送船団とかいわれて、金利から支店の数まで、かなり厳しい監督をされていたって聞いたことがある。

「資格制度の問題も、こういうところにあるんだね。資格があれば、怠けていても仕事がもらえる。実力がなくても仕事を保障してもらえる。競争が働かない」

「あっ、そうつながるんですね」

「資格よりは、日々の活動を観察して、その実力を評価し、改善すべきところを指摘して新たな活動目標を掲げて、再び実行していくというPDCAサイクルを回す方が重要なんだ」

「PDCAサイクル、つまり計画（Plan）を策定し、実行（Do）して、チェック（Check）して、活動（Action）するということですね」

「そうだね」

「こうした基準が甘くなると、簡単に学校が作れるようになるけど、供給過剰になり、競争も厳しくなる。それぞれの学校が第三者評価などでチェックをして、ちゃんと質が保障されているることをPRすることになる。これはある意味で自己責任ですね。文科省の厳しい基準がなくなると、お客である学生に教育内容に関する情報を伝えねばならない。誰も質を保障していないから」

規制緩和も大変なんだ。参入障壁がなくなるということは、誰でも学校経営ができる。質の善し悪しがわからなければ、詐欺みたいな学校ができて、名前だけ大学卒というようなことになる。大学の価値自身が劣化しちゃうかも。悪貨が良貨を駆逐するというやつだ。

「外部評価に頼ることが健全な競争を促すために必要になるわけだね。いま、私が社会人大学院のＭＢＡで教えるのも、こうした競争の中にあるから。競争がなければ、大学は社会のニーズに向き合うことなく、象牙の塔に閉じこもっていれば良かったわけだ。私が学生だった頃の教授は、みなさんのんびりと研究していて、テニスで汗を流したり、愛車を洗ったりしていたから。いまの大学教授を見ていたら、大学教授になろうとは考えなかったと思うね」

「なるほど、適度の規制緩和によって、大学が社会的要請に応えているわけですね」

「いずれにしても、大学も大学院も教育機関でしょ。教育は、人を育てるわけで、その人が社会の構成員になる。社会の向かうべき方向と人材の育成が間違っていると社会は成り立たなくなるよね」

「社会のニーズですね」

第2話 これからの経営大学院の教育は？

解のない問題を考える人材育成

「どちらかといえば鈍感な文科省が気づくほどに、社会情勢は激変していたんだね。欧米に追いつけ、追い越せをキャチフレーズにしている頃は、既存在の製品・サービスの価格を下げることや質を高めること、あるいはコンパクトにすることだった。目標が明確だったわけだ。だから、教育も既存の知識を覚える教育、しっかりと覚えさえすれば仕事ができる、そういう考え方でよかった。当然、経営手法も、欧米の経験を学べばよかった」

うんうん。家電製品や自動車なんかの日本の輸出産業は、ほとんどがコストをしぼって、コンパクトにすればよかったわけだ。

「80年頃は、1ドル250円くらいだった。だけど、円がどんどん上昇して、1ドルが100円とか80円の時代でしょ。いまはもっと高い。コストをカットするといっても、これでは勝負できない。コストが高くなる最大の原因は人件費だよ。同じ製品であれば、何十分の1といったコストで生産できるんだ。アジアに生産拠点をシフトすればね」

そうか。10分の1のコストだと、単純に考えて、日本人が1時間かける仕事は海外の人の10時間分の価値がなければダメってことか。

「かなり厳しいですね」

「うん。相当厳しい。こうなると輸出をする製造業ばかりでなく、国内向けに生産していたすべての生産者に影響を及ぼし始める。海外から安い製品が輸入されるからね。これまでの経営が根底から覆されるような状況なんだ。いままでと同じことをしていたら、絶対に生き残れないと感じるわけだ。海外に出て行こうとする企業が増え、産業空洞化が叫ばれたり、差別化やイノベーションなんていう言葉が日常的に使われるようになる。文科省も、ゆとり教育とか個性を重視した教育と言い始めた」

「厳しい社会なのにゆとり教育を叫ぶんですか?」

「そう。だけど、知識を覚える詰め込み教育を批判する意味なんだ。円高の日本で事業を継続するのなら、新たな社会を創造しなければならない。全員が同じ答えを出すような正解中心の考え方から、問題そのものを発見する解答のない世界へのパラダイム転換というわけ」

「根本的に変化したわけですね」

「うん。だけど、これはなかなか簡単ではない。小学校から大学まで、ほとんどの教員が正解を探すことばかりに夢中になってきたし、正解を見つけることに優秀だった人間が教師になったのかもしれない。これまでにない問題を見つけるとなると、どうやって生徒や学生を評価してよいかもわからなくなる。個性重視というのは、1つの標準的な解答がないために評価の尺度すらないいんだ」

「いまは、どの会社も差別化した商品やサービスを提供しようと考えていますよね。でもうまくいくとは限らない。売れないと思っていた商品がヒットしたり、絶対の自信で販売した商品が空振りに終わったりしているようです。何が正しいかがわからないという意味では、不確実性の時代ですね」

「その通りだね。しかも、新興国の追い上げスピードは速い。かつての日本のように、目標がはっきりしているから、トップが方針さえ決めれば、あとは日本の製品と同じようなものを作ればよい。工作機械などを日本から輸入すれば、安い人件費で同じ物が出来る。簡単にまねができない場合でも、どのような製品やサービスが必要かを模倣するのは簡単だし、日本の優秀な技術者が定年になれば、簡単に引き抜けちゃう。技術移転が容易なんだね」

定年退職した日本のエンジニアが日本企業を苦しめている。これは一大事じゃないの？そんなことが許されるのか。設計図を盗むよりたちが悪いように思えるんだけど。外国企業に再就職するのは仕方ないけど、技術は1人の成果じゃないはず。大事な技術が漏洩しないように雇用契約しているんだろうか？

チームプレーとキャリアアップ

「差別化の努力を継続する一方で、可能な限りのコストカットをしなければならない。優れた能力を発揮する人を確保する一方で、わずかでも劣る人には別の仕事に変更してもらわなければならなくなる。適した仕事が社内にないと、リストラされてしまうかもしれないわけだ」

「世界市場での競争はますます厳しい状況になりますね。超がつく円高になればなおさらですね」

「給与のカットを迫られても、日本では簡単に解雇ができないでしょ。そうなると、会社は月給や賞与をカットするだけでなく、いかにしたら1人1人の生産性を高められるかを考える。いままでより10倍の価値を生み出してくれれば、コストは10分の1になるのと同じだからね」

「そうですね。納得です」

「しかし、よく考えごらん。どう考えても、新興国の人にくらべて、何倍ものスピードで生産できるとは思えないでしょ。君が営業して1つの製品を販売する時間を考えてみな。これをスピードアップできるかい。流れ作業の組み立てでも同じだよ。10分の1どころか、10分の差を付けることができたら奇跡だね」

「そうですね。さっきは納得していたんですが、そう簡単な話じゃありませんね」

「そうなんだ。簡単じゃない。にもかかわらず、誰でもが簡単な間違いをしちゃう。従業員1人1人の生産性を高めようとして、能力主義だとか、成果主義など…マスコミでも取り上げられて、多くの会社が年功序列賃金制度などの見直しを始めたんだね」

「私の前の会社もそうでした」

「日本中がそうだったからね。でも、会社の仕事は社内の分業で成り立っているから、チームプレーなんだよね。豪速球で三振をとるピッチャーやホームラン王だけでは試合に勝てない。犠牲フライを打ったり、送りバントが必要なことがある。エラーをしたらフォローも必要だ。個人プレーに走ったら、勝てないでしょ。お金にものをいわせて、トレードだけで優秀なプレーヤーを雇っても、優勝するとは限らない。補欠や2軍選手を育成しようというインセンティブがなくなると、補欠選手や2軍選手はやる気を失っちゃうでしょ」

プロ野球の話か。私はあまり興味がないけど、甲子園の高校野球を見るから、言いたいことはよくわかる。そういえば、ドラッカーの経営学をやさしく解説した『もしドラ』は野球部の女子マネージャーの話だった。個々人の評価は、単純ではないってことだね。チームの成果とリンクしない成果なんて意味がない。チームが勝つからホームランや盗塁の意味があるんだよね。

「社内の仕事がチームプレーっていうのはよくわかります」

「そう。社内の仕事量は、計画内容によって変化する。経済環境の変化が激しいと、計画はいつも見直さなくてはならない。全体の計画に応じて各部署の仕事量が決まるから、年度ごとの人事異動も頻繁になる。当然だけど、新入社員や異動して来た社員には、仕事の内容を教えてあげる必要がある」

そうそう。私も経験している。仕事の引き継ぎや新しい人に仕事の内容を教えるのは結構大変なんだ。異動したときには、新しい仕事を覚えるまで緊張したし。

「しかし、間違った成果主義や能力主義がはびこって、個人プレーに走る社員が急増したわけだね。社内のライバルに仕事のノウハウを教えるわけにはいかない、ということだ」

「経営の仕組みが人間関係も変えるということですね」

「そうだね。個々の従業員によるインフォーマルな形での暗黙的な人材育成プログラムが失われ、フォーマルな社内研修しか残らない。しかも、会社に余裕がないため、研修の時間を確保できなくなる。仕事を教えられなくなれば、いかに優秀な人材も能力を発揮できなくなるわけだ」

「悪循環という感じですね」

「アメリカでは、こうした関係が経営全体の仕組みの中で生まれている。会社も人材育成のコストを負担するが、むしろ、個人の自己責任で職業上の能力を身につけ、より有利な会社に転職する。転職を繰り返しながら、キャリアアップしていく。経営者の仕事は、有能な人材の能力を評価し、これを活かすことです。能力のない方には会社を去ってもらうという社会。人材の流動性が高いんだね」

「職業の選択は自由だけど、自己責任ということですね。日本だと、まだまだ転職は一般的とはいえないし、私が会社を辞めたときも、もっと条件の良い会社を探そうなんて考えませんでした」

「ふ〜ん。でもよく転職したね」

「はい。でも前向きな転職ということではなかったんです。何かをしなくてはって」

「それは前向きだよ」

日本のビジネススクールの評価は？

「人材の流動性が高いと、個人も会社も大変なんだ。従業員の採用に必要なコストは高いんだよ。社内に十分な人材育成制度がなければ、必要な人材をつねに社外に求めなくてはならない。しかし、ここに情報の非対称性の問題がある。人材を雇用しようと思っても、その人の能力はわからない。その人の履歴は、どのような仕事をしてきたかを知るための重要な情報源だけど、それだけでは不十分と感じている。社会が標準的な能力尺度を欲したわけだ。MBAという教育機関が登場する必要条件。雇用しようとする人の会社を管理する能力、その質を保障する制度なんだね」

ふむふむ。

「そうなると、欧米ではＭＢＡが資格制度と同じく機能する。給与がアップするのは当然。一種の職業訓練校的な性格だから、ＭＢＡの学位を取得すれば、専攻した経営分野の仕事ができるということになる。社内の研修期間が必要なく、即戦力になるというわけだね。研修コストもかからないので、給与が高くてもペイできる」

「なるほど、ＭＢＡは一種の資格なんですね。経営者という専門職に就くために取得すべき専門的な資格と考えてよいのですね」

「そういうことだね。でも、日本の会社では、依然として、転職する人は多くない。簡単に解雇できないと思っている以上、中途採用も簡単にはできない。企業内の組合も、勤続年数の長い従業員に有利な交渉をする。退職金などもそう。そのため、優秀な社員が転職するのは機会費用が高くつく」

機会費用ってなんだっけ。学部時代に習ったような記憶があるけど。あとで辞書でも引いてみよう。私はメモ帳に赤いペンで〝機会費用〟という単語を囲った。

「だから、日本的経営がうまくいっている間は、日本にＭＢＡは必要なかったわけだ。ＭＢＡの学位を取得しても、ほとんどの会社は給与をアップしなかった。日本では、経営者になるための必要条件という認識はなく、あくまでも基準は大卒だった。もちろん、大学を卒業しただけでは、能力があると認められない。それと同じく、ＭＢＡを取得しても、お手並み拝見ということかな。だから、認められるまで、学位を持っていることを秘密にするような人もいる」

「え～、先生、大卒だったら誰にでも言えるのに、ＭＢＡの学位を取得しても、給与のアップもないんですね。となると、入学金や授業料を回収できないということになりますよね」

「そうだね。授業料の回収をどのように考えるかにもよるんだけど」

「どういうことですか？　授業料は回収できるんですか？」

「直接的な回収ということにはならないね。だけど、大学院で勉強しようという社会人にとっては、大きなコストの回収につながっていると思うんだ」

「コストの回収ですか」

「だけど、コストは貨幣で測定されるとは限らない。キャッチアップが終了し、日本が先頭に立つと、これまで順調だった日本的な経営がうまくいかなくなって、リストラを重ね、企業が細っていく。社内の人材育成などに十分な資源が回らなくなるわけだ。いやおうなしに、欧米的な経営へのシフトが必要になってきた。そういう意味では、ＭＢＡコースの大学院が増えるというのは、会社が自前で人材を育成できなくなった証かもしれないでしょ」

「はい」

「会社が自らの進むべき進路に悩んでいるため、どのような人材を育成すべきかも決まらない。だから、日本でＭＢＡが増える状況は、あまり好ましいことではないかもしれない。リストラされたらどうしようか、社内研修だけでは十分ではない、という不安な状況だよね。

この不安は、個々人にとって非常に大きなコストになったんだ」

「不安というコストですね。何だか必要悪みたいですね。必要善にしないといけないと思うのですが」

「必要善か。面白い言葉だね。だけど、そういう方向にあるかもしれない」

「そうなんですか？」

「間違った成果主義や能力主義の見直しは、比較的早く始まった。業績が落ちていくので、見直さなければならなかったわけだね。日本的な経営では、相変わらず、多くの企業で人事異動が行われており、営業や経理、総務など、いろいろな部署を数年間経験していく。労働の流動性が低いので、必要なときに、必要とされる人材を外部から雇用することはできない。そのため、社内で人材の適材適所を模索する仕組みになるわけだ」

「人事の仕事は大変でしょうね」

「そうだね。コストカットの圧力が強くても、多くの大企業では、1つの専門職に専念する人を雇用することは稀だよね。こうした見直しは、大学院における教育への期待にもつながった。専門学校的な職業知識や技術ではなく、会社の戦略や方向性を考えるための場としての期待だね。エンジニアは例外かもしれませんが」

能力や成果に応じて給与を支払う仕組みだったら、人事異動には相当抵抗するに違いない。初めての仕事に就いたら、能力の発揮どころか、仕事を覚えるのに時間がかかっちゃうし。

営業で成果を出している人が、「君は明日から人事部に異動ね」なんていわれたらショックだろうな。そういえば、エンジニアだって、「君は明日から営業ね」というようなことがあるみたい。不幸な話だ。日本的経営のシステムには、それに応じた管理の仕組みが必要だってことだね。

求められるのは、ゼネラリストのスペシャリスト

「教子は、大学院では最先端の経営技法を教えていると考えているでしょう。しかも、授業で習ったことが翌日の仕事ですぐに使えるような知識を提供すると」

「社会人のための大学院ですし、実践的であれば、当然、そうした期待があると思うのですが？」

「しかし、すぐに役立つような知識や技術は、大学院で学ぶまでもなく、誰もが簡単に身につけられるものなんだよ。そうした知識は、ハウツーもののビジネス書を読めばいい。そのような知識や技術は必要だし、重要なんだけど、人を育てるための大きな価値はない。必要だけど、教子を満足させるものではないだろうね。その知識は、評価はされるけど、そこそこの評価なんだね」

そこそこか、でも評価されることは重要だよね。高い授業料に見合うかどうかは別だけど。

「現場の実践的知識や技術は、大学院で学ぶ経営学よりも進んでいることが多いんだよ。つまり、実践的な技法は、大学院で学ぶべきではないし、たとえ、大学院で学んでも、飛び抜けて優れたものではなく、普通の経営技法なんだ」

「先端の経営技法は現場で学ぶということですか？　となると、大学院で学ぶべきことはなんでしょうか？　ますます給与のアップには結びつきそうにないですね」

「うん。そうだね。でも、そもそも、企業が存在するのは、その分野の実践において、最も専門化されているからなんだ。得意な分野の仕事をしている。なぜ自分で作らないで、人が作ったものを買うのか、これは分業経済では当たり前だよね。それぞれに特化して、優れた技術を磨いているから、自分の会社で作るより他社から購入するわけでしょ」

そうか。自社で作るか他社から購入するか、内製するか外注するかということ、この判断は結構重要だよ。会社の規模も決まるし。

「各分野の技術革新は非常に速い。これは加速度的なスピード。すべての仕事を自社でやろうなんてことはないでしょう。選択と集中、自社のコア・コンピタンスを確認しないと、高いコストをかけて、質の悪い製品やサービスを提供することになる」

うん、ごもっとも。私はうなずくしかない。

「私たちの社会は資本主義経済だけど、そのコアとなるのは私有財産制度。自分の財産を自分で守るという仕組みなんだね。自分の得意分野以外のことをすると、無駄が生じて、社会の希少資源を浪費するから、自分のできることをしっかりと見極めて生産活動に勤しみなさいということなんだね。これが自己責任で自立するということなんだよ」

そういわれると厳しいな。自己の責任で自立するっていうのは、誰にも頼っちゃいけないってことなの？

「得意な分野に特化して仕事をするということは、不得手なことはできない。淘汰されるから。淘汰されるというのは、あなたが提供する製品やサービスを誰も買ってくれない。売買とは交換だから、売れなければ買うことができず、自給自足になる。君は、得意な分野を磨いて、多くの人に買ってもらえるように努めなければならない。新しい技術が登場すれば、これを取り入れて、より安く質の良い製品やサービスの提供に邁進することになる。そうしないと、自分の財産が守れない。これって、かなりのストレスでしょ」

1人で戦い抜くってことなの？　私たちの社会は、そんなにギスギスしているの？

「情報通信技術や物流の仕組みが進歩すると、価格や質のわずかな差も見逃さない。遠方から情報が入手でき、物流コストが安ければ競争の範囲が広がる。いまや競争は世界市場で行われている。自分の財産を守るために同じ品質であれば、すこしでも安くないと買ってもらえない。価格が同じであれば、ほんのちょっとの質の差が命取りになる。競争が激しくなり、技術革新のスピードが速くなるんだよ」

「技術革新は社会が発展する原動力なんですね。悪くはないと思うんですが、ますます世の中がギスギスする感じですね。その原因が、世界中の人々が得意分野を選択しているということなんですか？」

「そういうことになるね。頻繁に生じる技術革新は、ストレスの温床だよ。技術が変化すると、これまで求められていた仕事がなくなるかもしれない。新しい技術が古い技術を淘汰するわけだね。人々に求める能力を変化させることになる。せっかく覚えた仕事が意味をなくす。スペシャリストとして自負してきた人にとっては、深い傷でしょうね。人間としての価値が否定されるような、かなりのストレスになる」

「鬱にもなりますね」

「そうだね。しかも個々人の仕事内容の変化は、同時に組織のあり方も変化させる。従業員の抵抗は必至でしょうね。つらいからね。自分の身を守らねばならない。自分が無価値になることを阻止しなくてはならない」

労働組合の話なのかな？　でも、抗うことは、会社の存亡に関わるよね。

「自分の仕事の意味がわからないと、むやみに仕事にのめり込んでしまうかもしれない。会社における自分の仕事の役割や意義をいつも問い続けないと、突然、仕事がなくなるかもしれないんです。一生懸命に仕事に専念していたのに不幸ですよね。精神的にまいってしまう」

「どうしたらいいんですか。八方ふさがりみたいですが？」

「行き詰まっちゃうね。スペシャリストになることは、その能力が買われ、必要性が高いと判断されると所得も高いんだけど、他方、リスクも高いんだよ。社内では、特定の部署を外注することもある。私は、スペシャリストを否定しないし、必要性は十分に認める。スペシャリストが仕事の効率性を高めるからね。でも、環境の変化を止めることは難しい」

誰かがどこかで発明した技術が、知らない間に世界を席巻する。環境をコントロールするのは無理。少なくとも、私には絶対できない。

「こうした状況の中で求められるのは、経営の全体像を把握する人材なんだよ。経営の全体像の把握には、経営を取り巻く環境の理解も必要になる。つまり、企業の内外環境に対する洞察力だ。私は、ゼネラリストのスペシャリストと称しているんだ」

ゼネラリストのスペシャリストか。ちょっと格好がいい。単なるゼネラリストだと、専門性のない、ダメな一般管理職って感じだけど。これが社会人大学院の学びなの？

分業とマネジメント力

「先ほど話したように、個々人でいくら能力を磨いても、何十分の一になるようなコストカットは不可能でしょ。しかし、経営の全体像を見直すとどうなるかな？」

「経営の全体像を見直すとコストカットができるのですか？」

「君は忘れているかもしれないけど、アダムスミスという経済学者を知っているよね。『国富論』を書いた有名な経済学者です」

「はい」

　私は、軽くうなずいて返事をした。

「彼は、分業経済の説明をするために、ピン工場を例にした。ピンの生産は、１人の労働者がワイヤーからピンの完成品までの全工程を担当するより、10人ほどで分業すると驚くほど生産性が上昇する。ワイヤーを引き延ばす工程、これを切断する工程、先端を尖らせる工程、頭部を作る工程、ピンを紙に包む工程などの分業で、１人で別々に生産していたら１日に数十本しか出来ないピンの生産量が仕事の分担で４８、０００本になったというわけ。１人が１日に頑張って10本のピンを生産できるとすれば、10人で１００本でしょ。しかし、分業をすれば４８０倍になる」

　すごい。そういうことなんだ。

「スミスの分業の話はよく聞きました。高校のときにも授業でやったような記憶があります。だけど、ここで問題になるんですね」

「そう。ここで問題になるんだよ。つまり、経営を見直して、うまく組織を設計できれば、何十倍も生産性を上昇できる。生産現場だけでなく、企業のすべての仕事は分業と協業で成り立っている。企業とは、分業と協業の組織だから」

　そうか。そういうことか。経営の全体像を知ることは、経営全体を見直すことでもあるんだ。

「新興国の1人1人の労働者と、私たち1人1人には、大きな能力差はないでしょう。だから、いまのように超円高になってしまうと、1対1では勝てない。経営の力とは、人々がどのように結びつくかということなんだ」

それだ。この閉塞感から解放される道は、これかもしれない。

「多くの社会主義は、国の経営に失敗したんだよ。資本主義も、大きな政府が経営に失敗すると非効率になる」

「ギリシャや日本の財政赤字にも関係するんですね」

「そうだね。企業は競争しているから、経営の失敗が命取りになっちゃう」

「はい。わかります」

「ゼネラリストのスペシャリストという人材は、分業を担うスペシャリストの役割や意義を見つけることのできる人材なんだ。スペシャリストと呼ばれる人たちも、経営全般を理解できることで、はじめて本来の仕事ができる。スペシャリストは、ゼネラリストとしての視点を持たなくてはならない。一生懸命仕事をしているのに組織の目的に無関係だったり、非効率じゃ意味ないからね」

「そうですね」

私は大丈夫なのかな？　会社に役立っているのかな？　何だか心配になってきた。

「自分の立ち位置を意識して仕事をすること。そういう経営全般を理解できるスペシャリストは、本当のスペシャリストのスペシャリストというわけ。たとえば、公認会計士はスペシャリストだけど、経営全体の職能を理解し、企業を取り巻く環境に関する洞察力を有することで、会計士としての質の高いアドバイスができるはずだ」

そう。現在の私は少し前まで営業職だった。でも、会社の全体像は理解していなかった。いまは新聞社で社会部の仕事をしている。公認会計士や弁護士ではないから、スペシャリストといえるかどうかは疑問だけど、スペシャリストのスペシャリストになりたい。新聞の社会的な使命を理解し、新聞社の全体像を理解した上で社会部の役割を果たしたい。社会部の部長になるときには、ゼネラリストのスペシャリストになりたい。

「社会や社内における役割がわからないスペシャリストは、企業の戦略的な意味では役に立たないでしょう。商品が売れるような宣伝をしても、生産能力がなければ意味がないかもしれない。たくさん売れたのに大赤字だったというのは困るよね。資本調達能力があっても、資本を活かす計画がなければ役に立たない。自分のしていることや提案している内容が、企業の戦略といかに関わっているかを理解していなければ危険でさえある。経営全体を把握していなければ、意思決定のための勘所を押さえられない。もちろん、企業経営は社会の中に位置づけられるから、社会の方向性を見極める洞察力も必要になる」

「社会人が学ぶということの意味が少しだけ理解できてきました」

「そう。でも、まだまだですよ。社会人の大学院は奥が深い。経営学を学ぶことについてもっと取材してください」

時計を見るとすでに5時を回っている。先生は、まだ話す気満々のようだけど、取材内容としては、もう十分なような感じ。

「先生、ちょっと会社に電話してきます」

私は、研究室を出て、携帯から電話をした。部長に取材内容の概略を説明すると興味を持ったみたい。もう戻れっていわれることを期待していたのに、特集を組んでも良いから、十分取材をしてこいって。

誰もが必要な経営者的視点

「ところで、君の仕事は、どのようにして決められたの？」

「新聞社の仕事は、私が希望したんです。いまの社会部の部署を」

「それで希望通りというわけか。珍しいね。幸運だよね。だけど、いつまでも好きな部署にいられるわけではないよね」

「ええ。そう思います。前の会社でも異動を経験しています」

「自分の仕事が社長の一存で決まるとしたらどうだい？　社長や上司に君のキャリアを託しても大丈夫？　カリスマ的な経営者もいるし、調整型の経営者もいるけど、経営者に託せば、君のキャリアは活かされるかな？　君の仕事は、誰が決めたら良いんだろう」

「前の会社では、私の仕事は、課長が決めていました。課長の仕事は部長が決めているようでした。部長は社長からの指示を守っていたと思います。だけど、人事異動は総務部の人事課で決めています」

「君が選挙民であれば、あなたは自立した意見を持って、投票しなければいけませんね。君自身が立候補しても構わないけど、他人の意見に流されていると、自分の存在価値はなくなっちゃう。自分はどのような意見を持っているのか、どうして欲しいのか、これを確認しなければならない。そのためには、自分なりに社会のあるべき方向性を見いだすことが必要になる」

「方向性ですか」

「ちょっと理想的だけどね。託せそうな政治家はいないし、自分も立候補するつもりはないし。しかし、会社も同じですよ。会社の方向性を知ることで、自分の役割を知り、自立した個人としての仕事ができる。組織の中でどのような役割を担うかっていうことだよ。社長や部長といった上司の命令に何の疑問も持たずに従うのでは自立できない」

ふ〜む。政治と会社は同じような仕組みなのかな？　自民党に投票したこともあったけど、このあいだは民主党に投票した。自分はどうしてほしかったんだろう？　社会の中で自立した個人か。マスコミに流されている感じが否めない。

「トップに任せておけば大丈夫といっても、トップのアイデアが成功するプランとは限らないよね。カリスマ的な経営者も、いつか引退するし、他人任せにはできない。自分の仕事が社会や会社にとって役に立っていないと感じたらショックでしょう。自信を持ったスペシャリストになるのも、社会や会社の中で必要な役割を見つけられるから。もちろん、柔軟な思考で、いつでも、自分を活かせるように準備しておくことも大事。経営者がいつでも正しい判断であなたの仕事を決めるということじゃないから。自分の活かし方を、いつも経営者的な視点で考え、提案もするべきでしょう」

「先生のおっしゃることは理解できます。会社が成長力を失ったり、危なくなるのは経営者の責任だけど、授業員にも責任があるかもしれませんね」

私は、アップル王国のジョブズ氏のことを考えていた。スティーブ・ジョブズCEOが辞任したニュースでアップルの株は急降下した。会社の価値があっという間に失われたわけだ。辞任後、わずか2カ月で天国に召されたジョブズ、ますます神格化されちゃうだろうなぁ。

彼は、一度、自分で作った会社を追い出されたのに、彼がいなくなったら会社は成長を止めた。それで会社の経営陣は、メンツも関係なく、もう一度ジョブズにお願いしたわけだ。そしたら、パソコンiMacを発売して大ヒット、携帯音楽プレーヤーのiPodや高性能携帯のiPhone、多機能端末のiPadなど、次々と世界中を驚かせるヒット商品を発売した。

だけど、彼がいなくなったら、従業員は会社に安住できるんだろうか。トップが経営責任を負うってどういうことだろう。

従業員は、1人の優れた個人に、自分の人生を託すことができるのだろうか。それは怖い。人間だから、どんなに優れた経営者でも、寿命がある。若くしてカリスマ経営者になっても、やっぱり30年くらいだろう。私は、自分でも経営のあるべき方向や会社の進路を考えてみたい。なすがままに、なんてゴメンだ。

アップルは、トップダウン型経営が成功した典型。でも、ジョブズが提案した製品は、ジョブズ1人で作るわけじゃない。おそらく、新しい企画を考えて、プロジェクトのメンバーを集めて、組織を作りチームで開発させるはず。ボトムアップだって、多くの有能な社員が良いアイデアを出せば成功するはずよね。もちろん、これで行こうっていうトップの意思決定が必要なんだけど。だから、たくさんのミニ・ジョブズがいれば、うまくいくかも。

「だから、君は自分の仕事を客観的に見る目を持つべきなんだ。近視眼的に自分の仕事だけを見るのではなく、会社の中の仕事を鳥瞰するような目。それは自分自身で自分のキャリアを発見し、自立して社会と向き合うことを可能にする。何をすべきかを判断し、その能力を磨くということだね。もし、自分の能力と会社の方向が異なるとしたら、ミスマッチは解消すべきだ。解消できなければ、君にとっても、社会にとっても不幸だね」

「先生のおっしゃることはよくわかりましたが、理想的に感じます。いまの仕事をしながら、別の能力も開発しておくのは大変ですよね。実際、いまの仕事でも手に負えないんです。これ以上にいろいろな能力を身につけるというのはちょっと」

コラム　カリスマ経営者が求める従業員像

「カリスマ的経営で有名なファーストリテイリングは、就業時間を2時間早めて、始業を午前7時にするっていう記事があったよね。午後4時には仕事を終えて、語学やビジネスの知識を磨く時間に充当させたいと考えているみたいだね。この記事はどう思う?」

「勉強時間などの生活設計まで社長に決められるのはちょっと。社内研修は必要と思うんですが」

「会社にとって必要な能力の育成は大事だけど、社長が就業時間外の勉強を奨励するとなると厳しいね。労働組合がないので問題にはならないのかもしれないけど」

「社内公用語を英語にするらしいので、英語の勉強は必要でしょうね。だけど一定の成績を上げた人だけが授業料の全額補助になるようです。でも、社内の言葉を英語にするんだったら、社内研修制度を充実して就業時間内にしてほしいでしょうね」

「そうだね。英語で話せない人はコミュニケーションが取れないから、会社を辞めざるを得ないね」

「そうなると雇用問題ですね」

「でも、日本の法律なんて考えていないかもしれないよ。公用語を英語にするということは、日本の会社と考えていないんだよ。日本でダメなら別の国に本社を移せばいいって」

「そうか。会長兼社長の柳井さんは、ファーストリテイリングを日本の会社にはしたくないっていうメッセージなんですね。日本の会社なら、日本語で十分だし、日本語の方が意思疎通は絶対早いですからね」

「うん。間違いもない。にもかかわらず、英語を公用語にするっていうことは、日本人として製品を開発したり、アイデアを生み出すことを否定することになる。多様性の否定にならないかな？」

この前、何かのテレビで、「しんみり」っていう言葉が英語にはないっていう話を聞いた。日本には季節と心理を組み合わせる言葉があるようだ。「初物」という言葉も、日本的な言葉だって。こうした日本の言葉は、日本の優れた商品やサービスの開発につながらないのかな？

「私は海外ビジネスの経験が浅いので、英語では、社内の微妙な関係を調整したり、製品の細かな特徴を議論することなんてできません。いつもの取引内容や上からの命令を聞いて、下に伝達するだけならできるかもしれませんが」

「社内のアイデアやさまざまな国の文化は、簡単に英語にはできないよね。グローバルな言語とローカルな言語の組み合わせが重要なんだ。でも、カリスマ経営者が自分1人で素晴らしい独創的なアイデアを創り出す人だったら、あとは単純な命令でいい。でも、間違った判断をしたら、最悪の独裁者になりかねない」

そういえば、楽天の三木谷さんも英語を社内公用語にするって言ってたかも。さまざまな職能を多様な言語でマニュアル化するのは大変だしね。単純化したい気持ちは理解できる。

真のゼネラリストの育成

「1人でいくつもの能力を手に入れることは無理だよね。二兎を追うものは一兎もえられない。いくつもの仕事を専門的にこなすなんて人はスーパーマン。しかし、少し頑張れば、経営に関する幅広い知識を得ることはできる。そして、必要な能力は、これを得意とする他人から受け取ることができる。これが役割分担だよね。社内外にネットワークを作ることで、自分が発信する情報と受け取ることのできる情報を確保する。つまり、自分は何ができて、何ができないかを知り、不足した能力は外注するんだよ。もちろん、自分の方向は常に見直し、調整を怠らないようにすべきだけどね。急激な環境変化に耐えるには、こうした情報交換が必要になる」

「情報交換ですか？　もう少し説明してください」

「社内の命令系統は、分業と協業の仕組みを機能させるための情報の交換なんだよ。すべての仕事は、過去から現在までのさまざまな人の知識が集約したもの。分業は知識の交換なんだ。自分の専門分野の情報はわかりやすいけど、他の部署の情報は理解しにくい。しかし、他部署の情報が理解できないと自分の仕事の本当の価値は理解できないでしょう。何が必要になるのかな？」

「ゼネラリストですか？」

「そう。繰り返しだけど、経営全般の知識を取得することだ。しかし、高い専門性は必要ない。さまざまな経営分野の入門的で基礎的な知識でいい。重要なことか否かが理解できればいいんだ。この人の専門的な知識は間違いなさそうだとわかれば十分。経営者は、細かな財務諸表の知識がなくても、専門家の話が聞けて、理解できればいいわけだ。やはり分業なんだよ。分業は、特化することでしょ。当然、それぞれの専門的な知識を持つ人がその役割を担う。自分の長所を発見し、そして他人の長所を認めることです。助け合いだね」

そうか。自分の専門以外は、基礎的な知識でいいんだ。それなら何羽かの兎を追えるかもしれない。

「自立した個人とは、自分の能力を把握して、社会の中に位置づけ、他人と協力できる関係を築ける人なんだ。もちろん、社内でも同じ」

「人に頼っていいってことですね。何だか救われた感じです。そう考えると、競争っていうのは長所の発見プロセスなんですね。競争も人間的で素敵な活動に感じます」

「この知的なネットワークの中にいることで、君自身の能力は自然と全体最適の方向を模索し、調整されていくわけだ。人間とは急激な環境変化には適応できないけど、環境に適応しようとする動物です」

そうか。私は、自分の知的ネットワークの中で、その環境に適応するように生活しているんだ。大学にいた頃の私は、現在の私とは違うんだ。まったく違う人間なのかもしれない。もし経営学部でなかったら、私の社会を見る目は違うかもしれない。社会を見る目が違ったら、私自身を認識する評価尺度も変わっているだろう。ネットワークが広がれば、私は相対的に変わるんだ。自分の新たな強みを再度発見する。他者との関わりで自分の得意分野も変化する。他者の強みを常に意識することで、自分の強みは変化する。こういうことかな。

「先生、そうなると社会人の大学院では何を学んだらいいんでしょう?」

「そこだね。これまでの研究者養成の大学院とは異なり、ゼネラリストのスペシャリストや本当のスペシャリストを養成する必要がある。そのためには、自分の専門分野以外の知識を習得する必要がある。つまり、専門的な勉強ではなく、不得意な経営諸学を学ぶ必要がある。専門研究者の養成を目的とした、これまでの大学院とはまったく異なる発想でしょ。基礎知識は、学部時代に習得して、大学院ではこの基礎知識の上に専門知識を積み上げていく。これが従来の大学院の考え方。しかし、会社経営を鳥瞰し、コミュニケーション力を持つためには、まったく逆転した考え方が必要。すでに専門的な知識のある分野はひとまず脇に置いて、苦手分野の基礎知識を習得するというところから始める」

「経営の全般知識を持つゼネラリストの養成には、苦手科目の克服が必要ということですね」

「そう。苦手な分野というのは、食わず嫌いと同じかもしれない。基礎知識を得ると、どのように学べばよいかは自分で理解できるようになる。本屋さんの本棚に並んでいる本を読めるようになる。自分の現在の力量では、何が読めて、何が読めないかを理解できるんだね。

まずは補助車をつけて自転車の乗り方を覚えてもらい、1人で乗れるようになったときに、補助車を外す。社会人大学院は、補助車をつけている期間かもしれない。それは自立して勉強するための準備なんだよ」

「何だかやる気が出てきますね。私でも大学院で勉強できそうな気になります」

「そうでしょ。君のような人が学ぶんですよ。最近では、欧米のビジネススクールも、同じような考え方を持つようになっているからね」

「苦手分野を学ぶということは、自分の専門分野、つまり得意な分野を再認識するということでしたよね。そのために知識の交換をするっていうことですよね。これはコミュニケーションということですか？」

「そうですね。社内外のコミュニケーションは、自分の仕事の価値を知る上でも大事なんですね。そして、コミュニケーションを可能にするためには言葉が必要になる。共通の言語、経営に関する基礎的な専門用語だよ。専門用語を使いこなすには、用語を覚えなくてはいけない。だから記憶力が必要になるけど、コミュニケーションの中に位置づけることができれば物忘れのひどい私でも記憶できるんだ」

コラム

暗記した専門用語は使えるのか（教子のメモ）

やっぱり専門用語を覚えるのは大変。大学1年の時、貸借対照表とか損益計算書なんかを勉強したけど、初めての言葉だったから結構大変だった。ファイナンスの投資の経済計算は、数学の公式のようなモデルを丸暗記したけど、もうすっかり忘れている。

覚えやすかったのはマーケティングとか戦略論かな。４Pなんて、マーケティングの要素をProduct（製品）、Price（価格）、Promotion（プロモーション）、Place（場所）という4つの要素にまとめたマーケティング・ミックス。SWOT分析は、計画を実行しようとする個人や組織の強み（Strengths）と弱み（Weaknesses）を分析して、環境要因が個人や組織の能力への追い風になるか、向かい風になるかを分析する。追い風を機会（Opportunities）、向かい風を脅威（Threats）と呼んでSWOT分析なんだって。どちらも頭文字を取っているから、比較的暗記しやすかったか。いろいろな言葉を暗記したけど、ちゃんと理解しているんだろうか。理解できていなければ、覚えても使えない。

新しい仕事は常識の中からは生まれない

「しかし、覚えるだけではダメ。たとえば、最先端の経営技法を覚えても、使えなければ意味がない。先端の経営技法は、どのようなときに役立つかも証明されていないでしょう。言葉を使う以上、自分で考えることが重要なんです。そして考えたことを、共通の専門用語で伝えて、目的を達成するための協力態勢を築くこと。これが会社の中で新しい仕事を作るということなんだよ」

「新しい仕事を作るっていうのはどういうことですか？」

「事業の創造だよ。会社は、現在の製品やサービスを提供するために分業と協業をしているわけだけど、同時に新しい仕事を作り出さないといけない。現在の製品やサービスがいつまでも必要とされるとは限らない。社会は、いつも問題があって、これを解決しようとしている。だけど、問題を発見するのは難しいんだ。君はいま困っていることがある？」

「えっ。困っていることですか？　特にありませんが」

「そうでしょ。でも、本当は困っていることがあるはずなんです。だけど、普通に生活していると、困っていることが常識になっていて、気がつかない」

「はぁ」

「水を汲んで、瓶に入れて、頭に載せて何時間もかけて運ぶのが当たり前と思っていると、生活は改善しない。井戸を掘ろうとか、水道を造ろうという発想が生まれない」

「そういうことですか」

「水道管を作るという仕事や水道事業が生まれない。新しいビジネスは、常識を破壊して生まれてくるんだよ。そして、その都度、新しい言葉が誕生する」

「考えてみれば、テレビや携帯がないと困りますが、なかった時代は、それなりに生活していたんですよね」

「そうだね。常識の中にいると、困らないんだ。そして、言葉の数も増えない」

「言葉ですか？」

「いつもの仕事は、その仕事に従事している人の間で意思疎通ができるでしょ。何をすればいいかがわかっているから、考えなくても仕事は進む。しかし、新しい仕事は、これまでの言葉を使いながら、仕事の中身を確認し、新しい言葉を作らねばならない。経営を創造する知識に昇華することが必要なんだよ。古い生産方式が革新されると、新しく言葉が生まれる。トヨタのかんばん方式などは、そうして作られた言葉なんだよ。通信販売やネット販売とか、いまは誰も不思議に思わないけど、ビジネスモデルが出来上がり、言葉として定着したわけだ」

「なるほど。新しい仕事が新しい言葉をつくり、新しい言葉を使ったコミュニケーションで、新しいビジネスプランを策定するんですね」

「うん。ビジネスプランっていうのは、仕事の塊でしょ。仕事はさまざまな要素に分解できるけど、それぞれが整合的に機能しないといけない。そのためには経営の全体像を見る必要がある。全体像を鳥瞰すると、経営の方向が見える。それは社会全体を鳥瞰することでもあるんだ。現在の製品やサービスが社会のニーズを満たし続けるのか、新たなニーズは何かを発見しなければならない。これは現在の仕事を見直し、新たな仕事を生み出すことでもある」

「企業を取り巻く環境を理解するということですね。現在だけでなく将来の環境を予測して、これに適応する仕事を作り出すという」

「そう。停滞した社会は、古い仕事ばかりの社会なんだ。新しい仕事を作り出すような人材を育成しないと社会は発展しない。言い換えると、創造的な事業構想力を養う必要があるんだ」

「事業構想力を養うような大学院が必要なんですね」

「うん。命令に従順な士官の養成ではなく、何をなすべきかを考え、これを決めて、実行する人材の育成だね。これは現在の職業に必要な実務教育じゃない。職業専門学校とは違うんだね」

士官学校とは違うということか。命令に従順な管理者の養成っていうと、やっぱり厳しい軍隊のイメージがあるけど、新しいアイデアを考えるっていうのは、何か明るい感じ。

「閉塞感のある日本を救うのは、新しい仕事を作り出すことしかない。日本の問題は豊かすぎるっていうことなんだ」

「えっ、閉塞感なのに豊かって、どういうことですか?」

「君は、家電製品で必要なものは一通り持っているでしょ。まさか、冷蔵庫がないとか、テレビがないとか」

「はい。持ってます」

「そうすると、冷蔵庫の品質を多少あげる技術を開発しても、あまり意味がない。冷蔵庫を作れる人や技術者、これを販売する従業員が増えても、売れなければ所得は増えない。つまり、給与が上がらない」

そういうことか。物が余っているってことね。物が不足すると経済は成長するんだ。

「しかも、現在ある仕事は、誰もが模倣する。良い製品やサービス、あるいは優れた製造方法などは、アッという間に模倣されちゃう。特許を取得していても、何をなすべきかを知れば、その解決方法は無数にあるんだ。解を得ることではなく、次々と問題を発見することが、新たな仕事を作り続けることなんだ」

そうだね。従順な士官はいらないのか。やっぱり、ジョブズなんだ。効率性を追求しても、消耗戦になってしまうから。新しい仕事を作り出せれば、新しいスペシャリストも必要になる。新しい仕事の中に自分の居場所がなければ、自分を必要とする仕事を作ればよい。そういうことかな？

「さっき話したように、新しい仕事は常識の中からは生まれない。常識というのは、既存の製品やサービスの世界なんだ。自分の身の回りにある、さまざまな商品群が自分たちの常識を形成する。だから、同業種の人たちが集まっても、常識的な知識しかない。新たな発想は、違う世界を覗く必要があるんだね。垣根を越えた知識の交換が必要になる」

そうか。みんなが同じ考え方や見方をしている世界だと、そもそも言葉なんていらないかも。ツウと言えばカーだね。私が最近覚えた大昔の言葉。ツウカーの仲には言葉はいらないんだから。

「異なる業種の人、年齢や性別、職種の異なる人が集う場を作ることが望ましい。そういう場が社会人のための大学院だ」

「なるほど。楽しいかもしれませんね。先生を介して異なる意見やものの見方が交錯すると、自分の世界が広がることに気づくかもしれません」

「ビジネススクールだから、商社や金融機関、メーカー、小売、広告関係など多様な社会人が学ぶんだけど、介護や学校に従事する人、病院の医師や看護師の学びの場でもあるんだよ」

「お医者さんがどうしてビジネススクールなんですか?」

「社会っていうのは、いろいろなスペシャリストが必要でしょ。そういう特化した知識や技術の結合した分業と協業の体系だからね。むしろ、経営学の知識しか持っていない人が集まる社会なんてないでしょ」

「そうか。経営学だけじゃ社会は成り立ちませんね」

「MBAは、医療の知識を学ぶ場ではないけど、医師は、経営の手法を学び効率的な医療組織を構築する必要がある。それに、医療現場の常識を伝えるだけで、ビジネスチャンスを発見する人がいるかもしれない。飲食店や宿泊業に勤める人は、ホスピタリティ・マネジメントのプロだから、ホスピタリティ関連の授業を履修する必要はない。だけど、ホスピタリティ・ビジネスでも、メーカーのような品質管理やコスト削減に関する知識は必要だよね。資本調達や運用に関する合理的な説明力を身につけなければならない。他方、メーカーに勤める人は、製品の企画段階や製造現場に関して、ホスピタリティ・マネジメントの考え方を学ぶ必要がある」

「多様性というのは知欲をかき立てますね。知欲を満たすことで、社会の豊かさに貢献できたら、この上なく幸せかもしれません」

「そういう人たちが学ぼうとしているんだよ。MBAの価値は、多様な社会人のネットワークにより、未知の世界を交錯させ、新たな社会を創造することだと思う。これからのMBA教育に求められるのは、この点だよ。効率性を追求する管理のためのMBA教育から創造的な事業を構想するMBA教育への転換。これが閉塞した社会を脱するために必要な人材育成だと思うよ」

「管理技術から事業構想ってことですね」

「その通り。社会人にとって、経営学を学ぶというのは、単に経営の専門用語を記憶したり、経営技法を使いこなすようになるということではないんだ。記憶することは大事だけど、経営に関する言葉が自然に自分のものになるようにしなければ意味がない。自分の世界観を広げるような学びが必要なんだね。これまでの専門分野の中に閉じこもるのではなく、自分を客観的に眺めることができるような視野。そのためには、大学時代に経験したような先生が一方的に講義するような授業では意味がない。積極的に知識や技術の情報を受け取るアンテナを持ち、自分からも情報を発信する。知識を交換するわけだね。これが社会人の勉強の仕方でしょう」

競争は長所の発見プロセス

「先生の話を伺っていると、ＭＢＡは理想的な学び舎っていう感じなんですが、資本主義の競争は弱肉強食ですよね。弱い物は切り捨てられる」

「そうだね。だけど、見方としては、さっき説明したように、誰もが得意な分野に特化しようと努力し、お互いに優れているところを認めることなんだ。長所を発見するから取引が始まるわけでしょ」

「先生のおっしゃることは理解できるんです。だけど、会社の中でも競争があります。なんとなく陰湿ないじめもあるようですし」

「組織の中での競争も、悪い部分や欠点を見つけ出し、お互いに足を引っ張るような競争は意味がないよね。人事異動するときに、悪い部分を発見して、人事異動している会社があれば成長しないでしょう。成長どころか、生き残れない。良い部分や得意分野を発見して、お互いに良い部分を結合する。これが強いチーム、良い組織を作るんだよ」

「足の引っ張り合いにならないということですね」

「そうだね。優劣というのは相対的なもの。最先端の科学的な知識に特化しなくても、自分を活かせるローテク分野に特化しても良い。世界一の先端技術の工場も、清掃に関しては、別の専門会社に任せるかもしれない。自分を発見するということだ。自分の長所を」

「比較優位の話ですね」

事業構想と経営学

「ところで、先生、ＭＢＡの授業はどういう科目があるんですか？」

「カリキュラムですね。カリキュラムというのは、その学問領域を説明するための設計図のようなもの。大学の経営学部であれば、経営学に必須のものがある。学部を設置するときに、経営戦略とか経営管理、財務や会計、人事・労務、組織、マーケティングなど、ふさわしい科目について検討するわけだ。こうした最低限必要な経営学の科目に、それぞれに独自のカリキュラムが展開され、それぞれの経営学部の特徴となる。それは経営学という学問がどのような知識の体系になっているかを示しているんだ」

ふ〜ん。そうか、カリキュラムがそれぞれの学問体系を示しているのか。

「ＭＢＡ課程でも、基本的には同じなんだ。必要な最低限の科目を準備して、これをどのように学習させるかで学習効果が違ってくる。私は、ビジネスの構想が、経営学を理解する近道と考えている。白紙の状態で事業を構想するということは、社会にとって、いま何が必要なのかを問うことだからね。現在のビジネスにとらわれずに、純粋に社会に必要なことを考える。これは非常に広い視野と将来を展望する洞察力が必要になる。自然環境や人口動向、技術的動向、社会文化的な動向、宗教や歴史など民族性、法律動向、経済動向などを理解して、これからの社会の必要な仕事、ビジネスを考えるわけだ」

「それは広い教養と考えていいんですか？」

「そうだね。企業を取り巻く環境の理解は教養ですね。これは必要な知識だけどカリキュラムには含まれない。きりがないからね」

「ものすごい科目数が必要になりますよね。経営学とは直接関係がないような科目が」

「そう。だから、そこは自分で勉強してもらうしかない。でも、経営には幅広い教養が必要だということを理解してもらわねばならない」

私はうなずきながらメモを取り続けた。

「企業環境を理解し、社会が要請する問題を発見する。事業の創造は問題の発見から始まります。いずれにしても、こうした環境の認識がなければ、企業の事業領域を決定できない。事業領域の決定は、企業にとって最も高度な戦略的意思決定なんだよ。意思決定者は、非常に広い視野と時間的に長期の視野が必要になるから」

「最高経営責任者の意思決定っていうことですね」

「そう。経営のトップは、最終的には1人で決断するわけだけど、かなり広い選択肢の中から、自分の会社の進路を決めねばならない」

「幅広い知識がないと選択肢が狭いっていうことですね」

「うん。しかも事業領域は同時に経営の内部環境との擦り合わせが必要になる。自社の持っている経営資源を知らねばならない。現在、所有している資源と不足している資源を把握して、不足している資源があれば調達方法などを検討するわけだね。ここでいう資源は、人、モノ、カネ、情報。戦略によって、企業のやるべき領域を決め、それに見合う経営資源を調達する。この段階では、具体的な事業内容も詰めねばならない。戦略がその後の意思決定を拘束するわけだ」

「そうですね。事業領域が自動車産業に関わるという場合でも、メーカーや設計、あるいはコンサルっていうような関わり方がありますね。そして、メーカーに決めれば、エンジンから各種の部品、シートやライト、自動車用の窓ガラスやナビゲーションなど多岐にわたりますね」

「うん。だけど、自動車に関わると決めないと、具体的な事業には踏み出せない。大企業の場合には、事業領域を広汎に設定しないと、有用な人的資源を利用できないこともある」

ビジネスプラン

① 企業環境の理解
　例：10年後の環境を予測
↓
② 問題の発見
　例：ガソリンの高騰
↓
③ 事業領域の決定
　例：自動車産業
↓
④ 足りない経営資源の調達
　例：従業員の能力開発
↓
⑤ 具体的なビジネスプランの決定（5W2H）
　例：無公害でガソリンに依存しない自動車を世界市場で
　　低廉な価格で生産・販売

「事業領域を決定したら？」

「あとは具体的なプランを設定して、これを達成するための方法を検討することになる。これに関わるさまざまな管理技法がＭＢＡの科目となるわけだ」

「事業を構想することを考えると、各科目の意味がわかるということですね」

「そうですね。具体的なビジネスプランは、５Ｗ２Ｈとして整理される。誰が（Who）、何を（What）、誰のために（Whom）、いつ（When）、どこで（Where）、どのような方法で（How to）、いくらで（How much）生産し、販売するか。このすべてになぜ（Why）を問う。たとえば、10年後のビジョンであれば、その時点の環境を予測しながら、無公害でガソリンに依存しない自動車を世界市場で低廉な価格で生産・販売する。そのために、自社の従業員の能力を開発したりする。３年後であれば、もう少し具体的になるけど、いずれも経営戦略やマーケティング、人材開発や労務管理、生産管理、販売管理、原価管理、資金調達のための財務管理が必要になる。これらの必要な知識を体系化してカリキュラムを作成するわけだ」

本業に特化するために経営学を学ぶ

「カリキュラムが知識の体系だとすると、科目のすべてを履修しなくてはいけないんですか？」

「いや、大学院で学ぶ社会人は、さまざまな人たちでしょ。公認会計士の人は会計学を履修する必要はない。すでに、専門の職務に就いて、その分野の知識を十分に得ている人に基礎的な学習は時間の無駄だよね。学ぶことの意義は、あくまで自分自身で発見するんだ」

「だけどお医者さんや看護師さんなどは、たくさんの科目を履修することになりますね」

「そうだね。経営に関する基礎知識がない場合には。だけど、医療を含めて、すべてのビジネスの基本は同じだよ。目的を定めて、これを達成するために経営資源を調達し、組織をつくり、生産活動を行い、製品やサービスを提供する。医療サービスは診察や処方箋を書いたり、手術などで治療することだね。そうした仕事をするために、資金の調達や雇用などを行わねばならない。だから、経営者としての意識がなくても、知らず知らずのうちに経営の知識は蓄積されていく。それを体系的には学んでいないだけだ。その意味では一般のビジネスパーソンと変わらないでしょ」

「なるほど。経営学部を卒業している私も、考えてみれば同じレベルかもしれません」

「看護師と医師とのチームワーク、事務職との共同作業など、すべてが経営問題として取り扱われる。だけど、医師や看護師の本業は、医療サービスだよね。この本業に専念するには、無駄な仕事をなくす努力が必要になるので、本業に資源を集中するために経営学を学ぶということになるかな」

そうか、スペシャリストのスペシャリストになるために経営を知るっていうことね。

大学院は学び方を学ぶところ

「勉強の仕方なんですが、どこの大学院でも同じようになりますか？」

「おそらく、かなり違いがあるでしょう。校風ってありますよね。カラーというか、企業でいうと社風だね。企業文化なんていうこともある。だけど、同じ大学院でも科目によって異なりますよ。教員が違うからね。講義形式の授業やゼミのようにディスカッションを中心とするような授業、ケーススタディを行う授業などさまざまでしょうね」

確かに、勉強の仕方って、学ぶべき内容によって違うだろうな。簿記を集団でディスカッションしてもあまり効果はなさそうだけど、戦略なんかは、さまざまな意見がぶつかり合うことで相乗効果が生まれるかもしれない。仕事もそうだよね。1人でコツコツとしなければならない仕事とみんなでチームを組んでやる仕事と。

「1年でMBAの学位を取得できる大学院もあるようですが」

「目的によって選択するということでしょうね。短い時間で学位を取得することが効果的・効率的であると考えるか、勉強することに意義を見いだすか。各自の目的によって満足度が異なるのは当然だね。外資系企業に勤務されていて、MBAの取得で給与アップが目的だとすれば、1年でも長いくらいでしょうね」

「早ければ早いほど効率的、目的にかなっているということですね」

「そうだね。だから、海外ではMBAの学位を売り出すようなビジネスもある。でも、日本の企業で力を発揮したいとか、自分自身の能力を開発したいと考えるときには、急がば回れ、あまり近道はないでしょう」

「2年間かけて勉強をした方が良いということですね」

「2年とは限らないよ。3年でも4年でも。勉強というのは高校や大学生のときのように、つらいイメージとは重ならないから。現役生と話せばわかると思うけど、彼ら/彼女らは、みんな楽しんでいる。もちろん、ハードなんだけどね。仕事をしながら、夕方から夜遅くまで授業に出席し、みんなが休んでいる土曜日も朝から勉強だから」

「そうですよね。かなりきついと思います。仕事も大変だと思いますが、働きながら大学院で勉強するとなると、時間的な調整がつくんでしょうか？」

「難しいとは思うけど、何とかやりくりしているんでしょうね。だけど、知欲を満たすっていうのは、この上なく贅沢な趣味だよ。人が羨むような趣味は、奥の深いもので、簡単には理解できない。スポーツでも、音楽でも、簡単にマスターしてしまったら、趣味としては終わりだよね。経営学は、社会科学ですから、大げさではなく、真理の探究という目的を掲げるわけだ。だから、いつまでも続けられる」

「真理の探究ですか、確かにオーバーな感じですね。私は真理の探究なんて考えたこともありません。仕事がうまくいくかどうかだけしか」

「趣味に没頭しているときは、みんな我を忘れて無我の境地。真理を追究しようなんて思っていなくても、勉強が楽しいときには、真理を追究しているんだよ。時間を忘れて。だから、ハードスケジュールも、本人にはハードじゃない。仕事と趣味の両立でしかない。学部の学生のときには義務に感じていた勉強、単位を取得して卒業しないといけないという強制的な締め付けが、楽しいはずの勉強を苦痛にしていたわけだ。学生のときは、勉強が仕事だったからね」

「無我の境地ですか。宗教的ですね」

「宗教かな。いずれにしても、勉強の仕方を身につけて、これを忘れないことが重要なんだ。社会人が勉強で満足するというのは、学位をとって、2年間で終わりというのではなく、生涯にわたって勉強し続ける姿勢を身につけることなんだ」

「環境変化に対応できるためですね」

「そう。背伸びして、難しすぎる最先端の研究をしても、自分の身にならなければ、あっという間に忘れてしまう。それは趣味にならないし、意味がない。もちろん、長続きしないから、環境変化には対応できないだろうね」

そうか。継続して勉強する意欲。これが意識してできれば素晴らしいんだけど。本当にそうなるんだろうか。楽しくなきゃ無理だろうな。やっぱりある意味で趣味にならないと。

「わかりました。ありがとうございました。大変、参考になりました」

「取材は終了かい」

「はい。とりあえずは、これで十分と思います」

第3話　経営の言葉を学ぶ

機会費用で考える経営学

　取材を終え、メモ帳を見直した。赤い囲みが目についた。そうだ、機会費用を調べておこう。言葉の重要性を学んだばかりだ。私は大学時代の教科書や参考書をめくってみた。その内容をまとめると次のようになる。

〝ある行動を選択すると、他の選択肢で得られたであろう利益を失うことになる。この失われる利益のうち、最大のものを機会費用という〟

なるほどね。わかったような気にはなるけど。辞書で調べても、インターネットで検索しても、本当に自分のものにはなっていない感じだ。

　辞書さえあれば何とかなると思っていたけど、言葉を理解するっていうのは大変なんだ。特に専門用語となると、1つの単語が本のタイトルになっていたりするから。勉強の仕方を変えないといけないのかもしれない。

大学時代は、教科書を読んだり、辞書を引いて、一生懸命暗記して試験に臨んだ。だけど、そんな記憶は3日間ももたない。自分の身になっていないからだ。

本郷三丁目にある取引先の仕事を終え、丸ノ内線に乗った。今日は、会社には戻らない。私は、もう一度先生の研究室に向かった。

「先生、先日はありがとうございました。良い取材ができました」

「そう。それは良かった。それで、今日は続きの取材かい？」

「一応、社には取材っていうことになっているんですが、私自身の興味もあって、経営学について、もっと教えてもらいたいんです」

「取材内容が大学院から経営学に変わったんですか？」

「ええ。なぜ社会人がビジネススクールに通うのか。授業料もかかるし、仕事をしながらの勉強って、やっぱり大変だと思うんです。経営学に魅力がないと」

「魅力ね」

「はい。でも、私は経営学部を卒業してるじゃないですか。学部時代のことを考えると、面白かったんですが、私自身がもう一度ビジネススクールに通いたいと思えるようでないと、大学院のことを本当には伝えられないように感じて」

「経営学を学び直す魅力を確かめたいってことかい？」

「そうなんです」

「難しい取材だね」

「ええ。ですから、経営学について、もう一度教えていただきたいんです」

「うん。それで？」

私は辞書で調べた機会費用の意味を確認したかった。まずは、単純に疑問を解決しないと始まらないような気がしたので。

「先生、この間、機会費用っていう言葉を使われましたよね」

「そうかな？　忘れちゃったけど」

「機会費用は、大学時代にも習ったし、試験にも出てきたような？」

「試験問題にかい？」

「はっきり覚えていないんですが、こういう言葉をきちんと理解しながら議論できるようにならないといけないのかなって」

「なるほど。それは正しいね」

「経営学を学ぶっていうことは、専門の言葉をしっかりと使えるようになることですよね」

「そうだね」

「それで機会費用については辞書や大学時代の教科書なんかを読み直してみたんですが、どうもよく理解できないんです」

「確かにやさしい概念ではないよね。少し説明しようか？」

「お願いします」

コラム 機会費用の講義を受ける

「優れた経営者は、いつも機会費用を念頭に置いて意思決定しているんだ。経営者にとっては、多くの選択肢を持つことは重要だ。だけど、情報量は無限だから、選択肢も無限にある。そこから1つに絞り込んで、最後の1つを選択するのが経営者の責任」

「情報は無限なんですか？」

「目に映るものや耳に入るもの、本に書かれていること、インターネット上の情報等、際限ないでしょう。人間は、この情報の範囲を絞り込むことで意思決定しているんだよ」

「なるほど。経営者には限らないということですね」

「うん。合理的な人は、絞り込んだ情報の中から、一番価値のあるものを選ぼうとするけど、いずれか一方を選べば、他方を諦めることになる。比較して決めるのだから、諦めた方が価値は低いと思っているわけだ」

「合理的な人間を想定するんですか？」

「そうだよ。君は、自分で選択するときに、一番良いと思うものより、二番目や三番目のものを選ぶの？　そんな人を想定するとなると、この概念は使えないね」

「いえ、そんなことはありませんが、良くわからないことはあります。何が一番か」

「それは、わからない場合があっていいんだよ。ただし、わからなくても、いろいろと悩んだ末に、選ぶ段階では一番と思って選択するでしょ」

「はい。とりあえず、二番目だとわかっているものは選びません。それは合理的なんですね」

「結果についてはわからないけど、意思決定の段階では合理的な人間だよ」

「なるほど」

「1つを選べば、他の機会を選択できなくなる。この選択できなかったことで犠牲になるものを機会費用と考えるわけだ。経営者は、自分の意思決定で何が犠牲になるかを考えるわけだね。この考えは、会計的な費用とは違うけど、意思決定に必要でしょう」

「なるほど。先生が説明してくれるとわかります」

「機会費用の概念は、意思決定のための未来志向の概念なんだ。つまり、過去の意思決定とは切り離して、これから1つの選択肢を選んだ場合、何が犠牲になるかという費用概念だね」

「そういえば、授業に出席する機会費用について教えてもらいました」

「覚えてるんだ」

「はい。朝の授業に出席するときの意思決定は、もっと寝ているという選択肢やアルバイトの機会、さらにはデートやその他の遊び、読書や趣味さまざまな機会を諦めることになる。授業に出席するということを決めた場合、どちらを取るか最後まで迷った代替的候補が機会費用なんですよね」

「そうだね。最後の候補が〝もっと寝ていたい〟という選択肢であれば、寝ることの効用が失われるわけだ。これを機会費用と考える。過去に支払った授業料や入学金の日割り計算をしても、意思決定には意味がない。すでに支払済の授業料は、取り返しのつかないサンクコスト、埋没費用だからね」

だんだん思い出してきた。

「そうでした。意思決定のための費用概念ですね。ついつい私たちは過去の意思決定に縛られる。失敗したことをくよくよと考えますから。でも、終わったことは取り返しがつかない。寝てた方が良かったと後悔する授業は多かったんですが、それは埋没費用なんですね」

「私の授業も後悔したのかな？　でも、出席しちゃったんだから諦める」

「あっ、先生の授業ではありませんよ」

「優秀な経営者は、反省しても、過去にこだわらない。〝100億円投資したから、この事業は何がなんでも継続する〟なんていうのはダメな経営者の考え方。取り返しがつかない過去は、諦めるんだね。過去をいつも清算して、これからの資源配分を考えているんだ。100億円の投資は過去のこと。次の1円の支出は、ゼロベースで考える。その上で、事業の継続が一番の選択であれば、最適な意思決定だ。大事だよね、こういう経営者の考え」

「いつまでも愚痴っぽいのは最低の経営者ですね。部下はやってられません。部下の失敗は埋没費用なんですよね」

「部下が次に失敗しないように手を打つのが経営者だね」

自分の将来を考えるときも、機会費用の概念か。これまでの意思決定や行動を後悔しても仕方ない。前向きに考えるしかないし。過去のことばかりを反省していても前に進めないじゃないか。事故が起きれば、マスコミは批判ばかりで、責任を追及するけど、今後のことについての前向きな意見についてはあまり取り上げない。どうしたら良くなるのか、機会費用を考えて、みんなで意見を出し合う方が、ずっと生産的だよね。

私は、経営学を前向きに考えたい。大学時代の経営学を清算して、もう一度一歩を踏み出したい。経営の言葉をしっかりと学び直してみたい。

経営学をマスターすれば、ビジネスで成功する？

「それで先生、社会人がＭＢＡで経営の勉強をする動機を知りたいんです。経営を学ぶとビジネスで成功するんでしょうか？　あるいは、出世の早道になるんですか？」

「どうかな。教子は経営学部で勉強したんでしょ。成功したかい？」

「成功しているのかどうかわかりません。出世もしていません。でも、大学の経営学とＭＢＡとは違うと思うんです。社会人が専門的に経営の勉強をするのと、働いたことのない学生では問題意識も違うし」

「ふ〜ん。社会人が専門的な経営の勉強ね」

「はい。社会人が問題意識を持って、深く経営を勉強すれば成功するように思うんです」

先生は、私の顔をじっと見てニコリ。

「経営学の専門的勉強で、優れた経営者が育つとは限らないな。あまり期待できない」

なんてことを。先生は、経営学を否定するの？　いま機会費用を教えてくれたばかりなのに？　優れた経営者の思考法だって。

「経営学をマスターすれば、ビジネスで成功するんじゃないんですか？」

私は、取材にも来ているんだから、この点は重要だ。念を押さなきゃ。

「う〜ん、残念だけど、経営学を熟知してもビジネスに成功するとは限らないね。教科書通りに経営したら、失敗はしないかもしれない。だけど、成功はしないだろうね」

「え？　じゃあ、経営学の勉強はしない方がいいってことですか？」

「いや、勉強することは大事だよ。君も大学で経営学を勉強したんでしょう。一生懸命勉強してどうなのよ」

「いえ、まだまだですね。でも、授業もちゃんと出席していたし、教科書や参考書を読んで勉強しました。成績もそれなりに良かったんですが、先ほどお話ししたように、自分のものになったという自信はありません。だけど、それでは意味がないということですか？」

「意味はあったでしょう。勉強していない人と勉強した人では違うと思うよ」

わかったようなことを言っているけど、ちっともわからない。勉強した人としていない人は、「したか」「しないか」という意味で違うけど。

「でも成功とは関係ないんですか？」

「そうだね。勉強したから、それにふさわしい結果がついてくるというのは間違いでしょう」

「それじゃ、やっぱり、経営学に魅力を感じないんですが」

「いやいや、世の中みんな勉強しているでしょ。勉強していなければ、世の中についていけない。それは経営学に限ったことではないよ。自然科学を考えてごらん。物理学のさまざまな法則は勉強しても仕方ないかい？」

「それは必要だと思いますよ。実際に、私たちの生活に役立っていますから」

「確かに、私たちの身の回りの生活必需品は、すべて自然科学の恩恵を受けているよね。家電製品も、衣類や住居も、身の回りの製品やサービスは、すべてが科学技術の成果ですから。でも、物理学をマスターしても、製品やサービスに活かせるとは限らないよ」

「それはそうですけど。でも自然科学の成果は、いろいろなところに活かされていますよね」

「現実に活かされている科学技術を一生懸命勉強したとする。その結果は、どうなるかな？」

先生が鼻の脇をかきながら、また質問。そういえば学部のゼミでもこんなふうに質問されていた。

「どうなるって？」

「たとえば、薄型テレビが、どのような仕組みで映像を映しているのか、そしてテレビに内蔵されたすべての部品の仕組みや原材料の物質的な特性を理解しているとしよう」

「テレビに関する科学技術を熟知しているということですね」

「そうです。すごいでしょう。こういう人がいたらどうですか？」

「えぇ、すごいと思います。私は科学音痴だから、尊敬しちゃいますね」

「だけど、科学技術を熟知しても、その人は社会にどのように貢献しますか？」

「テレビを作るとか、知っていることを教えるとか、え〜と」

「でも、その人はテレビの生産現場で働くんですか？　工場で働いている人はたくさんいますよね。あるいは、学校の先生になるんでしょうか？　その人も誰かから教わったんでしょうね。あるいは、本などを読んで理解したんですかね。いずれにしても、教科書や専門書を探せば済むことだよね。学校の先生になっても、教える生徒や学生には限りがあるし、その人に教えてもらえなくたって、いまではインターネットで検索できちゃうかも。もちろん、少し時間がかかりますが」

「あまり役立たないということですか？」

屁理屈っぽいけど、反論できない。

「どんな学問も、専門書をたくさん読んで理解したり、記憶しているだけでは社会に貢献したことにはならないでしょう。テレビのクイズ番組で優勝しても、娯楽番組としての貢献はしても、その知識は本当に価値があるのかな？」

「では、学問自身に価値がないということですか？」

「いや、学問は価値がありますよ。問題は、単なる理解や記憶は、価値を創出するための出発点にすぎないということ」

「ということは？」

「現在の知識は、現在の問題を解決することはできるでしょう」

「ええ」

「だけど、問題そのものを発見するわけではない」

「問題そのもの？」

「熟知しているということは、現在の世界を肯定して、既存の世界観の中で考えている。現在の問題とは、そういう常識的な問題だよ。それは新しい理論の発明や発見とは別。新たな理論が私たちの世界を変えるんだよ」

「世界を変える。大げさな感じですが」

「現在の知識や技術は、それが浸透するプロセスで社会を豊かにしていくけど、浸透した後は、世界が変化しない」

「知識や技術？」

ふ～む。いつもと違う頭の使い方をしないとダメみたい。

経営をするための初めの一歩

「私たちは、言葉によって自分の身の回りを認識している。科学の発達は新しい言葉を生み出すんだ。もちろん、科学的な発見以外でも、新たな言葉が生まれると、認識する世界が広がる」

「どういうことかわかりません」

カメちゃんの話は、時々、やたらと難解になる。かと思えばやたらにやさしかったり。平均的にできないのかな？　大学の先生だから仕方がないか。教員資格もないっていうから。

「美味しいね、甘いね、辛いね、酸っぱいね。味を理解するためには、言葉が必要でしょ」

「言葉がなくてもわかりますよ。酸っぱければ舌が酸っぱいって感じるから」

「人には伝えられますか。自分でその味を覚えているというのはどういうことでしょうか。甘さや辛さにも、果物のような甘さとか、唐辛子のような辛さ、苦いような辛さなど、いろいろですからね。しかも、果物は種類によって甘さが違うでしょ」

「ふ～ん」

「ドヤ顔とかシタリ顔という言葉を最近知りました」

「え～。オソ、あっ、すみません。もう常識ですよ」

「言葉の語源を知っているんですか?」

「知りませんよ」

「でも意味は知っているんですよね」

「こんな顔がドヤ顔で、シタリ顔は、こうです」

私は、ドヤ顔とシタリ顔をちょっと違ったニュアンスで捉えて、表現してみた。社の同僚なら大笑いのところかな。

「君の場合、ドヤ顔とシタリ顔に違いがあるんですね。でも、それじゃあ伝えられないな。少なくとも、いまの会話を録画しておかないと。録音じゃダメだ」

まじめに分析されちゃった。ここは笑うところですよ、先生。

「それはそうですよ。テレビを視ているときに知った言葉ですから」

「でも、その言葉を知らないと、感情や状況を理解できない。つまり、どうだ、大したもんだろうという意味の関西弁がドヤですね。そういう状況にあるときの顔だし、してやったり、を縮めてシタリになる。これも得意顔なんでしょうね」

「そうそう、そういう意味ですよ」

「テレビで売れっ子のタレントなどが、新しい言葉を作っちゃうんだけど、その言葉がわからないと何を伝えようとしているのか、どういう感情なのかなど、自分をとり巻く世界を認識できないでしょう」

「何だかオーバーですね」

「でも、言葉の1つ1つが私たちを認識させているんですよ。存在そのものを」

顔の表情も、感情表現の1つだけど、自分がしかめっ面をしていることを認識するには、言葉がないとダメということかな。

「難しい。先生、シタリ顔してますよ」

「味覚に関する言葉が生まれると、美味しさを表現する世界が広がる。それが文化になったりするんだよ。フランスワインの表現みたいに。料理人は、私たちより味に関しての表現力が豊かだと思うよ。私たちも、言葉を覚えると、美味しい世界が広がるはずだ」

「そんな感じですかね？」

「科学技術に関する言葉を知ることは、現在の世界を認識する手段だけど、新たな理論や技術が、世界を豊かにしてくれる。現状の世界認識を変えるんだ。当然、現状に関する科学技術の言葉を理解していなければ、新しい科学技術を生み出すことはできないでしょう。熟知していなくとも、専門家になるには専門的な言葉の数や理解度が違うんですね。だから、しっかり勉強していないと、科学技術に関する常識がないわけですから、そうした職場で働くことはできない」

「経営学の勉強は、経営に関する言葉を知るということですか？」

「そう。成功するか否かではなく、経営をするための初めの一歩。君自身が感じたことだよね。機会費用の概念で」

学んでもわからない経営の言葉

「経営学を知らないと、経営に関わる仕事ができないということですか？」

「そうですね。できないとはいわないけど、経営に関する言葉が通じないでしょう。たとえば、経理に関する知識がなければ、財務諸表を読めないよね。財務諸表はわかるよね」

「ええ、公認会計士や税理士のようには理解できませんが、大学の授業で勉強したので多少は理解しています。貸借対照表や損益計算書、それにキャッシュフロー計算書なんかですよね」

「そう。この財務諸表に関する数字を理解できない経営者は、自分の会社の業績や財産が理解できないことになる。収益や費用、それに利益の意味がわからないと、経営者同士の話し合いもできないし、従業員にも伝えられない」

「収益とか費用、それに利益なんかは誰でもわかるんじゃないですか？」

「いやいや、そんなことはないよ。会計上の収益や費用は現金収支とは違う。利益があっても倒産することがある。それに、利益があれば儲かっている、企業間の競争に勝っていると思ったら間違いだしね」

「えっ、利益があれば儲かっているんですよね。ライバル企業より利益が多くてもダメなんですか」

「会計上は儲けですが、実際にうまくいっているかどうかは別なんだよ。まして、企業競争に勝ち残るかどうかもわからない」

「そうなんですか。何だか自信がなくなってきました」

「だろうね。難しいんですよ。意外に。だから、この問題は別の機会にゆっくり説明しましょう」

先生はシタリ顔だ。

「何だかのどにトゲが刺さったままで、しっくりしません。ちょっとだけでも説明してください。我慢できません」

「そういう我慢はいいね。探究心や向学心につながっているわけだ」

「いますぐ知りたいんです。どうせ、私が理解するには、すごく時間がかかるんですよね。私には簡単に理解できないっていうことでしょ。でも、ちょっとだけでも」

「じゃ、ちょっとだけ。でも、もっとわからなくなるかもしれないよ」

「はい。覚悟しています」

コラム 利益の概念は難しい

「よろしい。まず、会計上の利益について考えよう。これはルールに基づいて計算された数字だよね。

収益も費用も、会計上のルールで決められている。でも、ルールは変わるわけですね。IFRSって知ってるよね。International Financing Reporting Standards、つまり、国際財務報告基準。国際的に財務報告のルールを統一して報告しようということだね。投資家の投資対象がグローバルなんだから、財務報告のルールが異なると投資案件を比較できない。つまり、各国で、収益や費用は違ったルールで測定されているから、利益も違う金額になる。これでは比較できないから、ルールを統一しようという話になる」

「なるほど。ルールによって利益の大きさが違うということですね。極端な話、黒字になったり赤字になったり」

「そうですね。金融資産を時価評価にするか否かは、黒字とか赤字に大きく影響するね」

「すみません。簡単な例でいいんですが」

「たとえば、10億円の株式を所有しているとするでしょ」

「10億も」

「そんなに驚くことではないよ。実際にはもっと大きな額を所有している企業があるからね」

「そういえば数百億の金融資産を所有している会社もありますね」

「うん。だけど、10億円の株を買ったときの値段は30億円だったとしよう。君はどう思う?」

「損していますよね」

「そうだね。だけど帳簿には、購入時の価額がそのまま記載されていたら?」

「売らなければ赤字にはならないということですか?」

「その通り」

「だけど、やっぱり損はしていますね」

「含み損を抱えているけど、金融資産を時価で評価しなければ帳簿上は赤字にはならないんだ。時価と簿価の差だね」

「なるほど。だけど金融資産の価格は毎日のように変化しているから、これを表すのは大変ですね」

「そうだね。時価と簿価の差額は、いずれは表に出るけどね」

「どういうことですか?」

「株を売るときには、その市場価値が明らかになるでしょ。損していたら、損失を計上することになる」

「なるほど」

「これは期間の問題でもあるんだ」

「期間?」

「うん。期間損益計算というように、会計上の利益は、決算までの期間中の利益でしょ。このとき、収益と費用は対応させなければならない」

「対応というのはどういう意味ですか?」

「ある収益を獲得するために犠牲になった部分が、その収益の費用ということ。今期の売上に対応する費用を認識するんだよ。設備投資なんかすると、これを期間に配分する。減価償却費だね」

「減価償却費は会計学で勉強しました」

「10年の耐用年数がある設備は、10年間の売上に対応しているので、10年間に分けて費用化するのが減価償却ですね」

「そうでした。ちょっと、忘れていましたが」

「でも、今年の研究開発費は、今年の売上に関係しているかい？　今年の広告宣伝費は、今年の売上だけに関係するのかな。つまり、収益と費用を対応させるのは難しいんだよ」

「だいたいわかります」

「今期、営業マンが必死に得意先回りをしたのに、まったく売れなかったとしよう。人件費はかかっているよね。でも、実際に売上につながったのは来期だとする。収益と費用が対応してないでしょう」

「そういう説明ですと対応する方が少ないかもしれません。今日ビラ配りをして、そのビラを持ってお店に入って来たお客さんとか」

「同じような内容ですが、１００億円の設備投資をしたとする。これは費用かい？」

「費用になりますよね」

「もちろん、費用になるけど、いつの費用ですか？」

「あっ、そうですね。減価償却ですから、耐用年数がつきるまで費用化します。時間がかかって費用になるということですね」

「そうですね。でも現金は１００億円支出済みです。この１００億円の設備は、この設備を使って生産した製品が、販売されて現金を回収することを予定しているわけだ」

あいまいな費用と利益

高性能設備 100億円	→	＜外部環境の変化＞ ・競争相手企業がもっと高性能な設備を建築 ・インターネット取引 etc.
耐用年数は何年？ ＝いつの**費用**？		儲かるのか？ ＝未来を予測した**利益**の評価

「はい」

「だけど、予定は未定だね。１００億円の投資をしても、製品が売れるかどうかはわからない。競争相手の企業が、もっと高性能な設備を建設したために、自社の製品は売れそうにないと考えていたらどうだい？　この設備は１００億円の価値があると思うかい？　経営者は、投資が失敗したと思っているけど、費用化されなければ会計帳簿の資産価値は１００億円のまま。つまり、利益の計算には関係ない」

「本当は、この会社のオーナーは、自分の財産が目減りしていると思っているんですね」

「その通り。これは金融資産の時価評価の問題と共通しているでしょ。減損会計は、こうした資産の価値を減らして、実際の価値に近づけようというのですが、いくら減らせば良いのかは恣意的なんだ。市場価格のある金融資産とは違うよね。そうなると、会計の利益も怪しいだろ」

「会計上の利益って客観的なのかと思ってました」

「もちろん、客観的です。少なくとも、いくつかのルールによって、選択の余地はありますが、しっかりと解釈すれば客観性はあるわけだ。でも、何も解釈しないで、利益の数字だけで評価するのはナンセンスということ」

「よくわかります」

「そもそも利益や費用は主観的なんだよ」

「えっ」

「さっきの機会費用の概念を思い出してね」

「はい」

「君にとっての機会と、私の機会は同じでしょうか?」

「違うと思います」

「うん。だけど500円の価値はどう思う?」

「先生の500円と私の500円は同じ価値だと思います」

「そうですね。貨幣は誰にとっても同じ価値を示してくれる。少なくとも、そういう前提ですね」

「はい」

「私が500円を支払うという場合、私が諦める機会と君が諦める機会が同じということにしているわけだ」

「なるほど。そういうことですね。本当は違うかもしれないけど」

「貨幣がきちんとすべての価値を反映していると仮定できれば、本当になっちゃう」

「ふ〜ん」

ちょっと頭が痛くなってきた。

「会計上の費用は、こうした仮定を暗黙のうちに設定しているんだ。そして、この費用を収益と対応させるわけ。いろいろな収益の選択肢があって、500円を支払って、代わりに収益の機会を得る」

「儲かるかどうかがわからないということですか?」

「そうだね。会計は、この意思決定の結果を計算するわけだ。でも、ある収益機会を選択した段階では、当然のことだけど、利益があると思っている。主観的な評価だけどね」

「機会費用が主観的ということですよね」

「うん。でも株式会社の場合は、経営者の意思決定を資本市場の多数の投資家が評価している。経営者の選択した機会は、不特定多数の投資家の選択した機会になる。その意味では客観的な機会ともいえるね」

経営情報の真偽を見極める

「先生、限界です」

「だから言ったでしょ。もっとわからなくなるって。いずれにしても、機会費用は未来を予測した収益機会の評価だから、結果の正否はわからないということ。しかも、収益と費用の時間的な対応は難しいから、結果といっても、収益と費用の完全な対応関係を示すことは無理なんだ」

「費用と収益か。本当に厄介な問題ですね」

「会計数値は、企業行動をできるだけ客観的に表そうとしているんだけど、新しい行動が次々に生まれてくる。インターネットの取引やポイント制など、いろいろな活動はすべて収益を獲得するための費用として認識することが必要なんだよ。費用を分類して、収益との対応を探っているんだね」

「私の限界を超えているんですが、会計学も新しい言葉を作り続けているということですよね」

「まっ、そんなところかな。財務諸表の数字の意味を十分に理解していないと、この情報を伝えるのはしんどいでしょう。わからない言葉を伝えるのは難しいし、怖いだろ」

「そうですね。無責任かもしれません」

「だから、当然、第三者にも伝えられない。第三者とは、企業の外部の人。銀行や投資家に説明できない」

「そうですね。本人がわからないので、儲かっているように話したら、実は倒産寸前だったりして。銀行からお金を借りたりしたら、悪気がなかったのに詐欺をしたことになるかも。あるいは、本当は好業績なのに決算の数字に悲観してたり」

「だけど、こんなに難しい収益や費用の概念を誰が理解しているんですか？　私には、どんなに優れた経営者でも理解できないように思うんですが」

私はホリエモン事件を思い出していた。ホリエモンは、有罪が確定して収監されたんだ。彼は、意図的に投資家を欺こうとしたんだろうか。複数の事業を有する大きな企業になると、帳簿を作成するのも大変だと思う。会計事務所でチームを作って作成したり。ホリエモンは頭がいい人だと思うけど、複雑な会計処理を熟知していたんだろうか。

最近ではオリンパスの事件も会計処理が問題になっていた。外国人の社長を解任したりした事件。財テクで失敗して、大きな損失を出していたことを歴代の社長は、隠蔽していたのかな。

「理解というのは正しくないかもしれないね。むしろ、研究対象でもある。世の中では簡単に所得とか利益という言葉を使うでしょ。経済学者は無頓着に使うことがあるけど、会計学者は、この利益の測定がどうあるべきか、何が適切な測定方法なのかを研究し続けている」

「本当は何が正しいかがわからないんですね」

「いまだ真理を追究し続けるわけだ。利益という言葉に適切な測定方法を研究する」

「そうすると、経営者は簡単に〝わが社は儲かっています〟なんていえませんね」

「開示される情報の真偽は難しいね。情報を発信する側でさえ良くわからないんだから」

「有価証券報告書の虚偽記載も難しい問題ですね」

「会計上のルールに則っていても、解釈が異なる可能性もあるからね。知らない間に犯罪者になっちゃう危険だってある。今の世の中は、責任者が無知でした、では済まされない」

「怖っ」

「何が正義かを発見することが大変なんだね」

「情報の真偽を知るためには、どうしたらいいですか？」

「学び続けるしかないでしょ。社会人は学び続けるしかない」

「だけど、意図的に嘘をつこうとする経営者もいますよね」

「そう。情報を意図的に隠蔽させない方法は、経営学の重要な課題だね」

「会計情報は、なぜ意図的に隠したくなるんですか？」

「うん。個人的な利益を求めるからだね」

「個人的利益ですか？」

「もし君が起業して会社のオーナー社長になったとしよう。実態以上に利益を大きく見せたいかい？」

「う〜ん。どうでしょうか？」

「利益が増えると法人税が増えますよ。本当は自分の財産が増えていないのに、財産が増えたように見せて、税金をたくさん支払いたいですか？」

「あっ。支払いたくありません。むしろ節税したいですね」

「そうでしょ。だけど、あなたが投資家から１０００万円を託されて経営している場合はどうですか？」

「できるだけ利益を出して、自分の経営能力を評価してもらいたいです」

「そこなんだよね。情報の開示といっても、どのような仕組みにすれば正しいと思われる情報を開示できるか検討しなくてはいけない。これは経営学の役割でもある」

「なるほど。でも、正しい情報ではなく、正しいと思われる情報なんですね。真理はわからないから」

「そうだね。人事や労務、組織、マーケティングなどさまざまな領域の専門用語がわからないと情報の意味や真偽がわからない。そうなると正しい情報が伝わらないからコミュニケーションができない」

「顧客からの情報も、各部署を介して経営のトップに伝達される。それぞれの部署にはそれぞれの専門用語がある。同じ事実も、それぞれの専門部署に携わる人を介すると、違った言葉に変換される。これは解釈が異なるということでもあるんだ」

「組織のそれぞれに異なる関心があるためですね」

「そうだね。職務に応じて目的が異なるために、1つの事実がいくつもの言葉で解釈されるんだ」

「自分たちの都合のよい解釈もあるでしょうからね」

「うん。そんな感じかな。いずれにしても、会社が複数の構成員から構成されている組織であれば、意思決定には共通言語によるコミュニケーションが欠かせない。現場からの情報が理解できなければ、経営者にはなれないんだよ。もちろん、外部への説明責任もあるわけだからね」

「先生、ここで先生がおっしゃっている共通言語って、外国語には関係ないですよね？」

「あ〜、外国語の話ではなくて、それぞれの職場で使う専門的な言葉だよ。使う道具も違うし、仕事の内容が違うと、それを表す言葉があるでしょう。だけどこれだけ難しい経営の言葉を外国語で伝達するとなれば、もっと誤解や情報漏れがあるかもしれないね」

経営学から怖さを学ぶ

「ずっと、言葉の話なんですね」

「そう。〝初めに言葉があった。万物は言葉によって成った〟です。ヨハネによる福音書」

先生はクリスチャンなの？

「聖書ですか。私は、まだ営業関係の言葉しか知りません」

「でも、経営学部で学んだことは他部署でも使える基礎的な言葉ですよ」

「ええ、少しは使える言葉を持っていますが」

「日本の会社は、学部学科にこだわらず採用するけど、それは人事異動を通じてさまざまな部署を経験させ、勉強してもらうからです。はじめからいろいろな言葉を知っていれば、社内での勉強は楽でしょう」

「私は多少楽だったのかもしれません」

「教子は優秀でしたからね。かなり楽したんじゃないの」

「優秀とはいえません。勉強は楽しかったのに、最近、自信がなくなっています。先生の話を聞くと、なおさら」

「それじゃあ、他の人はもっと大変ですね。経営学部の優秀な卒業生が自信をなくしているとなると、日本文学を勉強したり、シェークスピアの研究をしていた人は、さらに大変かもね」

「でも、みんな意外と自信があるみたいで」

「そうでしょうね。きっと」

「どうしてですか？」

「時々、みんなが自信ありそうに見えるんでしょ、経営学部を卒業した優秀な教子より」

「そうですね。いつもじゃないんですが、私より元気があるやつがいるんで」

「元気と自信はちょっと違いますよ。でもね、知識が少ないと、怖いもの知らずになるんだ。物事を探求すると、謎は明らかになるどころか、ますます深みにはまっていく。でも、それだけ慎重になるし、価値のある判断ができるんだ。理解が浅ければ、実際にはやみくもに意思決定しているのに、それに気づかない。怖いでしょう」

「そんなものですかね」

「君自身も、知らないことの方が大胆だったりするんじゃないですか？」

「ん〜、わかりません」

「やみくもに決定して成功でもしたら、もっと怖い」

「結果が良ければすべて良しじゃないですか」

「本当は間違った意思決定が、たまたま成功する。そうなると、成功した分だけ会社は大きくなっている。そして、次も同じようにすればうまくいくと考えちゃう。でも、たまたまは、よほどの偶然が重ならない限りは続かない、そして、失敗。大きくなっている分だけ、傷つく人も多くなる」

「そうか。失敗は成功のもとではなく、成功は失敗のもとですね」

ぐるるる〜。いけない、お腹が鳴っちゃった。もう7時だ。仕事をしているときには鳴らないんだけどな。緊張感の違いなんだろうな。先生にも、聞こえちゃったと思うんだけど。お腹の鳴る音はどうしてだか恥ずかしい。

「そういうことになっちゃうね。ところで、お腹すいてるんじゃない？　続きは食事でもしながらにしましょう」

やっぱり聞こえていたんだ。

「うちのそばに行きつけの寿司屋があるんだ。ネタは最高、リーズナブルで、たくさんの種類の日本酒や焼酎がある。ここから10分だし、帰りが面倒でないから」

「お帰りが近いのは先生ですよね。でも、わかりました。お供します」

第4話　経営学は社会貢献？

　地下鉄の駅を出ると大きな着物屋。最近和服姿の人は見ないけど。あっ、お風呂屋さんもある。その横に幸寿司の暖簾。

「は〜い、いらっしゃい」

　威勢の良い出迎えの言葉。カウンターのお客さんも一斉にこっちを見る。

「先生、お二人ですか？　学生さん？　亀川先生の席を用意して」

　本当に、常連なんだ。カメちゃんは、寿司屋でお酒を飲むんだ。何だか贅沢。

「とりあえず、かんぱ〜い」

「え〜と、それでなんでしたっけ、そうそう、経営学の意味や役割だったね。難しいな」

「先生、経営学の教授ですよね」

「まっ、広い意味では経営学の教授ということになるかな」

「広い意味ですか。何だか頼りないですね」

「そう。若い頃だと、誰か偉い先生の定義みたいなものを説明していたんだけど、さっき話したように、いろいろと勉強するうちに、僕も何だかよくわからなくなって。だから、君と話しながら自分でも確認しようかと」

「え〜、そんな」

「うん。世の中にはいろいろな学問があるよね。おそらく、そのいずれも社会の豊かさに関わっていると思う。個人的な趣味というのでは社会の資源を割いて研究したり、教育するというのは無駄だよね」

「そうですね。大学や大学院で研究しても、社会貢献できないようでは困りますね。授業料を払う意味がないし」

「うん」

「つまり、社会貢献のために学問はあるということですね」

「当然。ただし、現在の社会に役立つかどうかは別だね。すぐに役立つ学問もあるけど、遠い将来に役立つ可能性も考えなければ」

「遠い将来の可能性ですか?」

「宇宙の研究をしても、深海の研究をしても、いまの生活にすぐには役立たないかもしれないでしょ」

「でも、重要ですね」

「かとしさん、今日のおすすめの日本酒は何?」

はやっ、もう生ビールを飲んじゃったんだ。今度は日本酒にいくんだ。かとしさんって、お寿司屋さんのご主人?

「今日は十四代かな」

「じゃ、それちょうだい」

私が学生時代も、先生はこんなふうに寿司屋に来ていたんだな、きっと。

「先生、かとしさんっていうのは名前ですか?」

「うん。幸寿司の三代目。ここは松方弘樹の釣ったマグロを2回も購入した寿司屋だよ」

「マグロですか?」

「そう。マグロ。あとでお寿司を食べればわかるから」

コラム

まぐろと経営学

「マグロを購入するのって難しいんですか?」

「仲買人が競り落として、これを買ってくるんだね。だから良い仲買人とのコミュニケーションが重要だ」

「仲買人が競り落とすのは難しいんでしょうか?」

「わからない。でも、市場で競り落とすのにかかる時間は平均すると6秒くらいらしい。あらかじめマグロの質などを確認しておいて、値段を決めるわけだ。指を使って自分が買いたいと思う値段を知らせて、競り合うわけだね」

「確かに難しそうですね」

「マグロの良し悪しを知らないと値段なんて決められないし、数百万円もするマグロを競り落としても、売れなかったら大損だからね」

「数百万ですか」

「こういう知識と経験が、それぞれの仕事なんだ。みんな仕事を持っているということは、得意な分野に特化しているということだよ。もし、マグロの知識や市場取引の方法を知らなかったら、魚屋も寿司屋もできないでしょ。熟練した技やさまざまな経験が蓄積して、これを最終的には顧客が評価し、希少資源が配分されることになるんだ」

「コア・コンピタンスですね。先生」

「そう。洋服屋には洋服屋の知恵がある、技術がある、経験がある。それぞれの会社が事業領域を決めるのは、そうしたコア・コンピタンスを持っているからだ。もし、これがないのであれば、会社が積極的にM&A戦略をとるだろうね。こういう会社は、M&Aの経験や知識がコア・コンピタンスになっている。だけど、意外に自分の仕事の何が重要な部分かを知らないんだ」

経営学は経営者に役立つか？

「先生、それでさっきの続きをお願いします」

「何だっけ？」

「宇宙の研究とか深海の研究がすぐには役立たないっていう話です」

「あっ、そうか。いまの段階で、どのように貢献できるかわからないけれど、誰もが重要そうだなと思う謎を解明する必要はあるんだね」

「謎を解くことで、私たちの生活が豊かになるかもしれない。そんな可能性のある謎解きが大事だってことですね」

「そうですね。社会、つまり人類への貢献の可能性を求めて学問はいろいろに枝分かれしているでしょ。もちろん、人間とは何かという究極の謎を求めて」

「学問の分業ですね」

「経営学も、そうした分業の一翼を担っている。でも、自然科学は、宇宙の生成や地球の誕生のような人間の時間的な感覚とは無縁の問題も重要な研究対象にする。地球が誕生して46億年だからね。宇宙や物理の世界の研究は、たとえば、原子や原子核の研究が放射線の研究になって、発電やさまざまな医療技術に活かされる。私たちの世界につながっているけど、いつ具体的な生活につながるかがわからないテーマを研究している人が多い。もちろん、すぐに応用されて、私たちの生活や健康を改善してくれる研究もたくさんあるけど」

「すぐに役立つ研究ですか？」

「特に、工学系の研究をしている人たちも自然科学者になるんでしょうか」

「エンジニアと呼ばれる人たちも自然科学者になるんでしょうか」

「そうでしょうね。基礎的な自然科学の成果を具体的に応用する研究だね。ただし、既存の科学的な知識を応用して実際に使えるようにすると、技術という言葉に置き換えられることもあるね。製造業の現場でも、技術者と呼ばれる人たちは、実際には応用研究をしているわけだ。もちろん、新しい技術を生み出す人たちだけど」

「なるほど、すぐに役立つ研究は、技術的なイメージがあるということですね。では、人間を対象にしている医療などはどうなんでしょうか。自然科学ですよね」

「そうだね。人間も自然の中に生きる生命体ですから。ここでもすぐに健康を改善する研究テーマから長期的なテーマまであるでしょう。だけど、現場で治療しているお医者さんは、自然科学者ではない。お医者さんです」

「お医者さんは研究者ではないんですね」

「研究しているお医者さんは、お医者さんであり医学者だけど、すべてのお医者さんが医学者ではないし、医学者がお医者さんとは限らない」

「なるほど」

「いずれにしても医学の成果は、お医者さんが実際の診察や治療に役立たせることで意味を持つ。最後は、人間の健康のためにあるわけだ」

「そうすると、経営学者と経営者の違いも同じですね。経営学者は、必ずしも経営者ではない。ほとんどの大学の先生は経営者ではないですから」

「だけど、経営者は経営学者にもなる。経営の実践的現場で研究した成果が、新たに経営学として生まれる。古典的な経営学はすべて実務家の研究だからね」

「なるほど。その逆もあるんですよね。経営学者の研究成果を応用して、実務に生かす。そして、その結果が社会の豊かさに貢献する。そういうことも？」

「う～ん。まぁ、そんなところかな」

「なんか歯切れが悪いですね。経営学も医学と同じように、人間という自然の生命体を研究しているんですよね？」

「経営学の研究対象も人間ですが、人間の細胞とかを研究するわけではなく、人間の意思決定と行動の研究だね。個人や集団の意思決定だから、心理学的な側面は重要だし、行動科学的には脳科学などの分野とも接点があるでしょう」

「そうだとすれば、経営学と経営者の関係は、医学と医者のような関係だと思いますが？」

「研究と実務の関係という意味ではそうですね。だけど経営学者を科学者とはいわないでしょ。社会科学者とはいうけど、略して科学者とはいわない。人間の意思決定の本質とか、社会の本質などを解明するとしても、自然科学のように意思の働かないものが対象ではない。

人間の意思は、なかなかコントロールできない。だから、たとえ理論が確立したように見えても、これを応用するのは難しい。数十年が経過して、もっともらしい理論になっても、現実の経営者は理論を待ってはいられない」

「数十年ですか。先生、世の中は、ドッグイヤーといわれて、すごいスピードで進化しているんですよ。時代遅れの経営学になりませんか？」

「そうだね。間違いなく時代遅れだ」

「それで、時代の先を行くような先端の経営理論はないんですか？」

「難しいね。先端の理論ですか。理論は、経営者が実践してみて、成功すれば正しい理論となるし、失敗すれば間違った理論ということになる。だけど、1回だけの成否では検証できない」

「何度も繰り返して、成功例が増えれば理論になるわけですね」

「うん。だけど理論が構築されるまでの間に、時代遅れになっちゃう」

「理論の構築ですか？」

「うん。この問題については、もう少し遠回りしよう」

時代遅れの役割

「遠回りって」

「そろそろ酔いが回っているでしょ。これが遠回りの原因かな」

「え～先生、時代遅れということは、やっぱり経営学なんて勉強しても仕方ないということになりませんか？」

なんだか私も酔いが回ってきているかもしれない。自分の質問がねちっこい。

「経営学を勉強しても、すぐには社会の豊かさに貢献はできないよね」

「でも、勉強はした方がいいんですよね」

「そう。先ほども話したように、経営に関する言葉を知ることが重要だよね。それに社会が豊かになるため、自然科学の成果を社会に還元しなければならない」

「自然科学の成果を社会に還元するのは誰ですか？」

「実際に、ものを作ったり、サービスを提供する人々です。彼らは、科学の知識を応用するわけです」

「ものづくりの現場ですか」

「うん。ものづくりの現場では、その時点で利用できる技術や道具、材料を使って、応用可能な科学的な知識を利用するわけです。だけど、何をするかの意思決定は経営者の仕事」

「そうか。経営者は自然科学の応用をあと押ししているんですね」

「他の学問分野の成果でも同じ。必要な科学の成果を発見して、これを活かすために社会の希少な資源を投入する必要がある。これを決めるのは経営者だ」

お酒が進む。私も、調子に乗ってきちゃった。

「同じのもう1本」

「はい、ありがとうございます。十四代入ります」

「それで経営学はどうなんですか？」

「経営学は、ものづくりの現場が1人や2人の場合より大規模な組織の企業でヨリ価値を持つんだ。もちろん、1人の経営者の企業でも重要だけど」

「企業が大きな規模になって成立した学問ということですよね」

「そうそう。組織内の分業の利益を最大化するための学問だからね。企業は購買、生産、販売に加えて、人事や財務、企画などさまざまな仕事をしていて、これらの知識を持たねば経営はできない。経営者が同時に従業員であるような小さな企業でも、こうした知識は必要だよね」

「すべての仕事を1人でやるのは大変ですよね。私の経験では、人事と財務はまったく違う知識を必要にすると思いました。もちろん、生産現場となると私にはわからないことだらけでした」

「うん。それぞれの仕事は専門的な知識が必要なんだよね。各人が専門的な分野に特化することで、分業の利益を享受できる。つまり経営学は、それぞれの機能の専門用語を理解して、組織内の分業の仕組みを管理する役割があるんだよ」

「多くの従業員が働く組織の方が経営学の必要性が高いんですね」

「そう。従業員の管理や彼らの力を引き出す方法、そして従業員の組織をどのように設計するか、というような問題だね」

「でも、時代遅れなんですよね」

「現実は先に行っている。経営学を待っていたら儲けのチャンス、つまり社会貢献のチャンスを失うでしょ」

「経営学者の研究は、現実の後を追っかけるということですか？」

「そうだね」

「そうだとすると自然科学のように科学者の研究した理論を実務に応用するというのではなさそうですね」

「うん。医者と医学者の違いのように、経営者は経営学者の理論を応用して実務に生かしても成功するとは限らない。教科書通りに施術をして成功する医者がいるのとは違うんだ。成功した経営と失敗した経営を検証して、そこから共通の言葉、つまり理論となるものを探すんだよ」

「時代遅れの言葉をですか？」

「時代遅れだけど、経営をするための出発点にはなる。この基本的な部分は、ほとんどの経営者が土台にしているところなんだ。そして、これに基づいて経営者は応用問題を考える。

100人の医者が教科書通りに治療をして全員成功することもある。そうでなければ困るけどね。だけど、経営者は、100人が教科書通りの経営をして100人が生き残れるわけではない。教科書に書いてあることを念頭に置いて、これからの時代を読むために必要な言葉を探す、それが経営者なんだ」

「時代の先を読むために現在の経営学があると考えてよいでしょうか？」

「うまいこというね。その通りだ。自然科学の応用とは、少々異なるけどね」

「そうすると、時代遅れになるくらい時間をかけることにも意義がありそうですね」

「そう。未来の土台となる経営学は時代遅れでいいんだ。さまざまな経営者が利用できるようにね」

「お待たせしました。特上の握り2つ。それとおしぼりを取り替えましょう」

「ありがと」

わ～、美味しそう。

学問も分業

「でも、先生。経営学を学んでも成功するかどうかはわからないんですよね」

「そうだよ。何度もいうように、経営学の教科書を読んでも、成功するとは限らない。どこかの現場で、いつでも新しい創意工夫が行われ、経営の仕方が変化している。次々と経営の新手法や新戦略、効率的な管理方法が誕生している」

くいっ。カメちゃんは、空になったおちょこに手酌で日本酒を注ぎながら、

「これらの新しい知識は、これまでの経営の専門用語を使いながら、その問題点を改良し、応用して、新しい経営になっていくわけ。経営学は、そうした新しい経営の事象を理論化して、新たな言葉として定着させるわけだね。成功したことが経験的に確かめられて、意味のある言葉になるんだから、現実のスピードについていけるわけがない。後を追っかけているわけ。事実を確かめないで理論化することはできないでしょ」

「でも、言葉を作るだけで社会は豊かになるんですか？」

「素晴らしい経営手法を社会が学ぶわけさ。でも、根本的に社会を豊かにできるのは、やっぱり自然科学かな」

「えっ、自然科学なんですか。やっぱり。理系の勉強をしてきた人にはかなわないということか」

「いやいや、そういう意味じゃないよ。世の中は分業だから」

「分業っていっても、経営学の貢献は小さいんじゃないですか？」

「経営者は、経営の専門的な知識を駆使して何をしているんだろう？　ものづくりの現場が資源を浪費していたら社会は豊かにならないでしょう。そもそもモノが作れない。新たなモノ作りは、新しい自然科学の成果や、その他の学問領域の成果の中から、何が社会に必要な

知識かを発見しなくちゃね」

「発見して？」

「新しいものづくりが社会に貢献しそうであれば、そこに資源を投入する意思決定をするわけ」

「新しいものづくりは、自然科学者に限らないんですね」

「自然科学者や技術者の貢献は、新しい製品やサービスにすることで社会に還元される。これが新たな言葉を作る」

「また言葉ですか？」

「そうですよ。農業だって、縄文時代にはなかった言葉でしょう。情報通信産業という言葉になるのは、自然科学者やエンジニアがコンピュータなどを発明したことがきっかけだけど、これを普及させて、誰もが利用できるようにするのは経営者の役割だ。携帯とかタブレット型端末だとかも、みんなが使う言葉になったけど、経営者が意思決定して製造された製品だよ」

「そういうことなんですね。自然科学の成果を取り込むのは、経営者の意思決定で、経営者は、経営学の言葉で意思決定し、これを組織内に伝達する。成功するために経営学は必要条件だけど、社会で生まれたさまざまな成果の中から、何を選んで、経営に取り込んでいくかは経営学を勉強してもわからない。経営学は成功の十分条件ではないと」

「そう。社会を豊かにするための発想が必要なんだね。しかし、社会が豊かになったとき、これを経営学の成果と考える人は少ないけどね」

経営学と社会の豊かさ

「先生、経営学を知らなくても、成功した人はたくさんいるように思います。経営学が社会を豊かにするという根拠はあるんですか？　経営学に頼らなくても、人間は、価値あるものを見つけて、これを普及させると思うんです」

「根拠か。少し話をそらすかもしれないけど、エジソンって知ってるよね。発明家の」

「もちろん、知ってます」

「彼が発明したものを、自分の満足のためだけに使っていたら社会は豊かにならない。彼が経営的才能を活かして、発明品を世に出さなくちゃいけないわけだ」

「そうですね。エンジニアが経営学を学ぶ意義もありますね」

「自然科学の成果が具体的な技術に生かされるとしても、素晴らしい技術が普及するとは限らないよね」

「質が良くても売れないということですか？」

「そう。経営的な発想でよろしい」

「自動車や家電製品も、技術的な優劣は大差ないから、どうしてもブランドで買っちゃいますね」

「そうでしょう。まったく異なる技術であれば別だけどね」

「でも、画期的な製品は売れるんですよね。小さな技術的な違いは仕方ないとして、やはり科学的な成果が重要で、経営学の社会的貢献はあんまり…」

「特許は知ってるよね」

「もちろん、知っていますけど」

「特許は製品に活かされている？」

「当然、活かされているんですよね」

「活かされているものもあるし、使われないものも多いんだよ」

「知ってます。休眠特許というやつですね」

「そう。特許は、研究開発に従事する人々の成果だけど、これを活かすのは経営判断だ」

「なるほど」

「特許の数が少なくても成長して、多くの従業員を雇用し、利益を稼ぎ出している企業がある。一方で、たくさんの特許を持っているのに、業績不振で倒産してしまう企業もある。科学的な成果の優劣って何だと思う？」

「う〜ん、人類の暮らしに貢献する大きさかな」

「なかなかいい答えだね。でも、人類の暮らしに貢献するか否かを誰が決めるの？」

「それは、私たち１人１人ですよね」

「君は、そういう評価や決定をしたことがあるかい」

「そんなことはしたことはないですね」

「いや、意識しないかもしれないけど、毎日のように評価をしてるでしょ」

「毎日ですか。あっ、消費活動ですね」

「そうそう。企業は売れる商品やサービスを生み出すことで、科学技術の成果を評価しているんだよ」

「そうすると、企業が製品化しなかったら、科学技術が活かされないということですね。どんなに素晴らしい科学的な成果であったとしても」

「その通り。どんなに画期的な製品を作っても、販売されなければ意味がない。作り方を工夫しても売り方を工夫しないとダメ。そもそも画期的な製品と認識できたのは、売れた結果なんだから」

「科学的な成果を活かせないのは経営者の責任ですね」

「会社の経営者とは限らないけどね」

公的機関と私企業の役割は違う

「例外があるんですか？」

「社会にとって重要なことは、私企業の経営者にできなくても、私たちの暮らしに活かそうとしている。国や地方政府の役割になるんだけどね。これも経営だ」

「社会にとって重要なのに、どうして私企業はやらないんですか？」

「いくつかの理由があるね。市場の失敗とか、公共財なんかの議論で、経済学では昔からの議論なんだ。誰もが重要だと思っていても、私企業に任せると利益を独り占めしちゃうとか、独占だね。こうした弊害があると、私企業ができても、私企業の自由にはできない。水道料金や電気料金なんかを私企業が自由に意思決定したら大変。君の家の前の道路を私企業が有料道路にして、明日から値上げですって。許せないよね」

「それは困りますよ。突然、値上げされても、家なんか建てちゃっているわけだから、道路を通らないわけにいかないし」

「この他にも、いろいろありますよ。社会にとって必要なんだけど、コストがかかりすぎる場合。商売にならないということだね。また、科学的成果というのは結果でしょ。結果は、事前にはわからない。期待する科学的成果を得るには、どのくらいの時間や人が必要になるか、そんなことはやってみるまでわからない。不確実性だね」

「コストのかかり過ぎや不確実性が原因なんですね」

「時間がかかりすぎて、しかも不確実性が高いと、私企業には手に負えない。投資家が資金を出さないからね」

「そうか。資金を出してくれる人がいないと企業として成立しませんね」

「そうなると税金の出番になる。国や地方の政府が経営するんだね」

「なるほど。営利企業ではなく、国や地方の事業ですね」

株式会社は経営学の研究対象

「うん。でもね、株式会社っていうのは、すごい仕組みでね」

「ええ」

「そういう長期的でリスクが高いような計画も可能にしちゃうことがあるんだね」

「10年先でも、20年先でも？」

「そう。たとえば、鉄道事業を考えてみな」

「1人の出資じゃできませんね」

「そう。たくさんの出資者がお金を出して、鉄道を敷設して、営業を開始して、ということだから、資金の回収には時間がかかる」

「なるほど。株式会社だと、出資者は、いつでも株式を売却すれば長期間の回収を待たなくてもよいということですね」

「その通り」

「でも、不確実性の問題は？」

「やはり、株式会社であれば、株主はいくつもの会社に分散投資できるわけだ。出資者がリスク分散できれば、1つの企業がよくわからないことをしていても、ある程度は大丈夫だと思うわけ、それで出資しちゃう。株を買っちゃうということだね」

「それじゃ、先生、長期的にコストがかかる不確実性の高いビジネスも、私企業で大丈夫じゃないですか？」

「そうかもしれませんね。しかも、大きな株式会社になると、蓄えられた内部資金も潤沢にあるため、かなり将来のことを考えた開発を行っている。余裕がある企業だけどね」

「たとえば、どんな？」

「何か具体的な事例ですね。う〜ん、そうですね、最近の例でいえば、炭素繊維なんてのがあるね」

「鉄より軽くて丈夫というやつですね」

「そう。鉄の4分の1の重さで、10倍の強度」

「すごいですね。炭素繊維恐るべし」

「東レとか帝人などの繊維を事業としてきた会社が、こうした素材を開発してるんだけど、開発を始めてから40周年だってさ。そして、これから、航空機や風力発電事業、自動車などに売り込もうってわけ。まだ、技術開発を継続して、さらに加工しやすくするのが課題らしいけど。需要が増えないと、大量に生産できないからね、コストも高い」

「まだ、課題があるんですね」

「それでも、私企業がやったわけだ。40年も前から」

「じゃあ、やっぱり私企業でも長期の投資ができるじゃないですか」

「うん、でも炭素繊維に市場性があると確信しているからだよ。鉄より軽くて、強ければ、これを安く、しかも加工しやすく作る技術を開発すれば、間違いなく鉄に代わるわけでしょ」

「そうか、市場が見えているわけですね」

「そう。でも、何だかわからないけど、大事そうだな、将来何かに役立つ可能性がありそうだ、という程度だとお金出せるかい？　よくわからないけど、将来は儲かる会社になりますっていわれて」

「詐欺っぽい」

「そうだよね。よほどのバブルでもないと、そんな会社の株は売れっこない」

「やっぱり私企業にはチャレンジできない分野があるわけですね」

「そうだね。だけど不確実性に対するチャレンジができる仕組みを持っているんだよ。株式会社は」

「どういうことですか？」

「時間とリスクとは深い関係にあるよね。将来はわからないから」

公的機関と私企業の役割

【公的機関】
① 公共財・・・例：水道料金や電気料金
② 実用化できそうにない・・・例：タイムマシーン
③ 市場規模が小さい・・・例：患者数の少ない病気を治す機器

⇕

【私 企 業】
① 非公共財
② 実用化できる
③ 市場規模が大きい・・・例：炭素繊維

「はい」

「時間って、どういう概念だろう」

「えっ、時間ですか。1時とか2時間とかの」

「そう。だけど同じ1時間でも1人で生産するのと、10人で生産するのでは違うよね。つまり、10人の生産だと1人の1時間の10時間分だ。もし1人で生産していたら、50年に一度の確率で成功するビジネスがあるとするよね。ものすごく儲かるんだけど、こういうビジネスをやってみたいかい」

「そんな危険なことに一生を賭けられませんよ。いくら儲かるっていっても」

「そうでしょ。でも50人で生産していると1年に一度の確率ということになるね。これだとビジネスとして成り立つでしょう」

「同じ組織に50人を集めるということですね」

「そう。薬品会社が新薬を出せる確率は、新たな化合物が生まれてから2万分の1の確率らしい。薬品の認可には規制などもあるからね。この確率は、リスクが非常に高いよね。それに、1人で新薬の開発をしていると何十年、いや何千年もかかる」

「そうか。株式会社は、多くの人を雇用し、組織化することで、時間とリスクの問題を解決しているんですね」

「その通り。だけど、確率的に新薬が生まれることが期待できるからだよね。経営者が将来の財・サービスについて期待を持てて、これを投資家に説得する術を持っていることが重要なんだ。実用化とは無縁と思える基礎科学などの分野とか、完成すれば事業として儲かりそうだけど、実用化できそうにないもの、たとえばタイムマシーンみたいな。そして、実用化できても私有財産には貢献できないもの、つまり社会的な共有財産とみなすべきものは株式会社ではできない」

「ふ〜ん。でも株式会社っていう仕組みはすごいですね」

「そうだね。こうした仕組みを考察し、目的を効率的に達成する仕組みを研究することは経営学の役目なんだ」

株式会社にできない社会貢献

「それで他にもありますか？　私企業、株式会社にできないようなこと」

「あるね。先にちょっと話したけど、市場の規模も重要だね」

「市場規模？」

「うん、たくさん売れないと採算が取れないだろ。たとえば難病の治療薬や患者数の少ない病気を治すための機器の開発を考えてみてよ」

「そうか。でき上がっても、たくさん売れないし、儲からない」

「でも、重要だろ。だから開発活動や生産活動はしなくちゃね」

「株式会社では無理ですね」

「そう。補助金かなんかを出してもらわないと難しいね。そうじゃなければ、株式会社の経営ではなく、違った経営が必要になる」

「それも経営ですか？」

「もちろん、これも経営問題だよ。営利企業ではなくて、非営利の組織で問題解決に挑戦するわけだ。政府が直接関与することもあるけど。その場合には経営者という言い方はしないね」

「儲かるか儲からないかっていうのは、判断の基準としては単純だと思います。さっきの収益や費用の話は置いといて。だけど、科学的な成果の評価をどうするのかとか、何を作るのか、どういうサービスが良いかを決めるのは難しいように思います。売れるモノや儲かるモノを作るというのは、誰にとってもわかりやすいんですけど」

「鋭い。いいところに気づいたね。売れるモノや儲るモノを作るのも難しいんだけど、とにかく、計画段階では売上目標なんかを掲げるよね。売上目標は誰にでも理解しやすい。だけど儲からないけれど重要なモノを探すのは大変だ。評価の基準がね」

「どういう基準なんでしょうか？」

「実は、ここに自然科学と経営学の違いが隠れているんだな」

「それって私企業についても同じ問題ですか？」

「そうだね、〝何をすべきか〟という基準は、株式会社でも単純に考えるべきではないしね。売れれば良し、儲かれば良い、というだけではダメ」

「何だか奥義っていう感じですね。経営学と自然科学に隠れている違い」

「奥義ですか。そうかもしれないね。この問題に気づかないまま議論するとすれ違いや誤解が生じるんだ。大論争の原因だね」

「先生、随分もったいぶっていません？」

「いや、そんなつもりはないよ。だけど、奥義は、経営学の性格を理解してからだ。そこに辿り着くまでに時間がかかる。もう酔ってるし。いま何時？」

「まだ10時前ですよ。私は明日休みだし」

「僕はね。土曜日に社会人の院生指導があるんだよ。だからもう眠い」

「え～、もう寝るんですか？　子供じゃないんだから」

「明日、休みなら、また大学においで。院生にも紹介してあげるから。この問題の続きをやろう」

「はい、わかりました」

「お勘定〜」

「先生、ごちそうさまでした。美味しかったです。ここのトロ、半端じゃないですね」

「そうでしょう。ここのネタは最高です。」

「はい、では、先生、明日もよろしくお願いします」


帰りの電車の中で、今日1日を思い出した。「社会人の学びについて」の取材をきっかけに、先生の特別講義、そして明日は大学院のゼミを体験学習できる。何だか新しい生活が始まる予感。私もビジネススクールに通いたくなってきた。MBAの勉強と新聞社の仕事、二足のわらじを履けるだろうか。2年間だけど、体力はもつのかな。そうこう考えているうちに、ウトウトしてしまった。だけど、寝過ごすことなく、無事に帰宅。

第5話 経営学で論理的に考える

経営学の理論化と仮説

土曜の車内は、いつもと違う。背広姿の人はほとんどいない。競馬新聞を読んでいる人やゲームをしている人、これからデートだって一目瞭然の人など。私はどのように思われているのかな。今日は、経営学の奥義を勉強するんだ。私はちょっと人見知りするタイプかな？社会人の院生が私に注目していると思うと緊張する。

あれっ、前に座っている2人の男性、同じ本を読みながら楽しそうに話し合っている。ジーンズ姿でラフな格好。年齢も違うようだけど、何の本だろう？〝一級管工事〟って書いてある。管の工事に専門の試験があるんだ。この人たちはこれから試験を受けにいく受験者か。日本のものづくりはさまざまな知識と技術によって支えられているんだ。私も頑張ろう。

「午前中に昨日の続きをしておこう。午後から院生の指導になるから、そこで取材してみたら？」

「ありがとうございます」

「さて、今日は経営学の理論化について考えてみよう。これを理解しておかないと奥義の意味がわからない」

「奥義のための準備ですね」

「うん。そういうこと。それで、早速だけど経営学が対象にする事実や現象を仮説にするとしても、これを経験的に確認するには時間がかかるね」

そうだ、昨日、成功や失敗を繰り返し観察しないと理論として確立しないというようなことを話していた。だから、時代遅れになるって。でも、仮説か。よく聞く言葉だけど。

仮説を構築する──演繹法と帰納法

「先生、ちょっと待ってください。仮説ってなんでしょうか？」

「仮説は仮説だよ。仮の説明。まだ証明されていない説明でしょ。たとえば、サスペンスドラマで、死体が発見される。死因が特定されていないので変死体だね。ここで事件性があるか否かを判断しなくちゃいけない。事故か他殺か、病死など、明確には判断できないけど、これまでの刑事の勘で他殺だと思う。名刑事の登場ってとこかな」

サスペンスドラマで説明するの？

「この段階は仮説。さらに現場を調べると、争ったような形跡を発見。仮説を証明する1つの証拠、データだよね。さらに、検死や解剖などをして、これは他殺であるという証拠が積み上げられると、事件性のある他殺事件となるわけ」

「先生、サスペンスが好きですね。でも、よくわかります」

「途中でチャチャを入れない。わからないときだけ質問すること」

「すみません」

「うん。さて、変死体が殺人事件となるわけ。この段階になると、もう事故か他殺かは問わない。今度は、事件を巡る仮説を構築する段階になるんだね。犯人を特定するための仮説」

「1つの仮説が証明されると、次の仮説を構築するんですね」

「そう。仮説の連鎖だ」

「仮説の連鎖？」

「物事を説明するには、最終的に解き明かしたい目的があるでしょ。Aが原因でBが起きたことを証明する。Aが起きると必ずBになるというような決定論的な推論は、演繹的な推論なんていうんだけど。ある条件があって、結果を推論するというね」

「演繹的推論？」

「うん。一般的な原理や大前提から論理的に推論して個々の事象を導き出す思考方法だ。それに対して、個々の事象から因果関係などを推論して一般的な原理を導出するのが帰納法」

「帰納法？　先生、もう少し詳しくお願いします」

「具体的な事象とか経験的な事実を観察するでしょ。そうした事象から一般的な法則を導きだすのを帰納法。そして、疑いようのない原理とか直感的な命題、あるいはすでに証明されている確かな法則に基づいて、理論的に現象を推論するのが演繹法だね。このような方法から導かれた結論が、本当に予測通りになるかを実験や観察結果で証明していくと仮説は証明されることになる」

「抽象的なのでピンときません。何か具体例はありませんか？」

「路上で死んでいる人を発見しても、殺人事件とは思わないでしょう？　だけど、ナイフで刺された死体を発見すると、一般的には殺人事件だよね。ナイフで刺されて死んでいるという事実が何度も観察されて、これは殺人事件という一般論になる。ナイフで刺されている多くの事例が観察されて、誰かがナイフで刺されて死んでいるとすれば、この死体は殺人事件という結論になる。これは帰納法だよ。逆に、ナイフで刺されている死体は殺人事件であるという大前提があり、ナイフで刺されて死んでいる人を発見する。そうなると、この死体は殺されたのだということになる。これは演繹法だね」

コラム　三ツ星社の自動車は故障する？

「自動車の例で演繹法と帰納法を説明しよう」

「具体的に説明して下さい」

「三ツ星社の自動車は故障する、という大前提を置いちゃうとするよね。これは一般的原理と言い換えてもいいけど」

「はい」

「そうすると、Aという車種が三ツ星社製であるという事実を確認すると、Aは故障するという結論になる。これは演繹法」

「なるほど」

「一方、帰納法は、AとかBなど、三ツ星社の自動車が故障したという個別の事実を積み上げて、三ツ星社製の自動車は故障するという関係を見いだす。その結果、三ツ星社製自動車は故障する、という結論を得る」

「だんだん理解できてきました」

「うん。良かった。2つの思考方法は対立するものではないでしょ。帰納法で結論を得ると、これを大前提としたら演繹法になる」

「帰納法によって、ナイフで刺された死体は殺人事件という法則ができると、これを一般的な原理として、演繹的に推論できるということですね。演繹法と帰納法は思考方法としては相互に補完的ですね」

「そう。素晴らしい」

「ありがとうございます」

「変死体の話に戻るけど、まだ事件かどうかは絶対ではないよね。自殺かもしれないでしょ。より精度の高い理論を作る必要がある。背中をナイフで刺されているとなると、殺人という可能性は高い。ナイフと背中が一緒になっていると、こうした事実からは殺人という推論が高まる。かなり、一般化できる」

「なるほど」

「東野圭吾の小説で、科学者だったかが事件を解くのがあったでしょう」

「『探偵ガリレオ』ですよね。帝都大学理工学部理学科助教授の湯川学が謎解きをする」

「そうそう。あれなんかは、最後に演繹的な推論になっていますね。事実を観察して、帰納的に仮説を立てるんだけど、そのあとは、ある条件を設定して、数式モデルの解を求めるように、どのように犯行が行われ、誰が犯人であるかを突き止める」

「やっぱり、帰納法と演繹法は、相互補完的ですね」

「そうだね」

経営学の仮説とは？

「で、経営学ではどのように考えたらいいんですか？」

「経営学で習ったと思うけど、ホーソン実験」

「ホーソン実験ですね。覚えています、何となく」

「ウェスタンエレクトリック社のホーソン工場の実験では、照明などの職場環境における物理的環境の変化と労働者の能率の関係を調査しようとしていたんだよね。だけど、思っていたような結果にならない。環境の変化と労働者の能率が無関係というか、反対の結果になったりする。そこで、原因をいろいろ考えて到達したのが、物理的環境より人間の意欲や人間関係が能率に影響を及ぼすということだ」

「ええ、それで帰納とか演繹には関係あるんですか？」

「ホーソン実験は、そもそも労働者の物理的影響が作業効率に関係するであろうという直感的な仮説を設けていたわけだ。この仮説は、おそらく誰もが思いつくよね。観察されている世の中の事実から」

「はい。そうすると帰納法的な推論？」

「そうだね。そこで、作業に関する条件を一定としたうえで、照明を明るくすると作業効率が上昇するという仮説を作る」

「これを実際に実証しようとしたのがホーソン工場だね」

「帰納法により推論された一般的な仮説から、今度はホーソン工場という具体的な事例を検証するんですね」

「そう。ホーソン工場の作業にも照明が必要だから、作業場の照明を明るくすれば作業効率が高まるという結論が導かれるはずだ。この関係はいいよね」

「でも、この仮説は実証できなかったんですよね」

「仮説が証明されないという事実から、次の仮説を考える。原因を究明しようということだよね」

「そうか。ここから新たな理論が誕生するんですね」

「そう。人間の心理や行動に関する事実が寄せ集められ、人間の意欲や人間関係が作業効率と関係するという仮説に結び付く」

「さまざまな事例を集めるんですね。でも、そうなると、帰納法的な思考方法が中心ですか？　演繹的な推論が出てこないように感じますが」

「うん。だけどね、たとえば、人間関係や人間の意欲が所与としたとき、ホーソン工場の実験は違う結果を生んだかもしれない。最初から実験の目的を知らせておけば、一番作業のやりやすい環境で単純に作業効率が上がるという関係が見つけられるかもしれない。つまり、人間関係や意欲は一定と仮定して、人間の作業効率と照明の明るさの関係を調べて、照明の明るさと作業効率の関係を示すモデルができたとする」

「理論モデルですね」

「このモデルができると、これこれの明るさだと作業効率はどの程度になるということがわかる」

「そうですね。おおよそだとは思いますが」

「これはモデルを前提にした演繹的な推論になっている」

「なるほど」

「同じように、温度や湿度の関係で作業効率を確認するようなモデルを構築する」

「最適な温度設定や湿度の設定が導出できそうですね」

「そうでしょ。これも1つのモデルになる。さらに、給与の条件による作業効率なんていうモデルを作る。いずれも、帰納的には作業効率に関係ありそうだと考えて、仮定を設けて実証してみる。その結果、それぞれに因果関係を示す理論モデルができたとしよう」

「はい。それで？」

「これらの出来上がったモデルは、法則になっているわけだけど、これを結合すると別のモデルになるでしょ。結合の仕方は順番があったり、同時であったりしても構わないと思うけど、ある条件を設定すると、従業員の作業効率を最大化するようなモデルが導出される。この場合は、演繹的な推論ということになるだろうね。東野圭吾のガリレオの証明みたいに」

「う〜ん。難しいですね」

「帰納法は、問題を発見するプロセスであるけど、演繹法は、問題を解決するプロセスと考えればいいかもしれないよ」

「問題発見と問題解決ですか」

「帰納法とか演繹法なんていう言葉を使わなくても、論理的で説得力のある人は、こうした思考方法をとって、問題を整理した上で話しているはずだよ」

コラム

市場モデルの説明

「経済学では、均衡理論がよく使われるよね」

「需要と供給で価格が決まるというやつですね」

「そう。ワルラスは、財・サービスの価格は、すべての財・サービスの需給による相互依存関係で同時に決定するという一般均衡論を構築した」

「すべてのですか？」

「携帯電話の価格は、食品や衣服の価格と同時に決まるということだよ」

「なるほど」

「こうした一般均衡論は、条件を決めてモデルを構築するので演繹的推論ですね。合理的な経済人と摩擦のない市場を仮定したうえで、連立方程式の解として一般均衡価格を導き出す。議論を始める前提として、仮定が明確に示されて、そこから論理的に説明をしていくと解が出るというわけだ」

「なるほど。数学の問題のようですね」

「そうだね。中学や高校でやった数学のテストは、必ず解があったでしょ。これは応用問題を作るときに、あらかじめ解答が出るようにしている。数学の先生は、利用するモデル、つまり方程式を使って解答を出させる問題を作成している」

「数学の応用問題は苦手ですが、連立方程式なら、私でも解けます。一般均衡論なんて大したことなさそうですが」

「方程式を使うために作成した問題は、方程式を知っていれば解くのは簡単。だけど、問題を作ることに価値があるんだよ」

「問題の作成ですか?」

「そう。ワルラスが想定する市場は、実験室のような市場だよね。情報が完全だとか、摩擦がないといった市場は現実にはない」

「そうですね。実験室か」

「ワルラスが実験室を作るには、実験の目的が明確にあったからだ。ホーソン工場のようにね」

「なるほど」

「彼は市場というものを資源配分のメカニズムとして捉えて、価格によって資源の最適配分が成立する世界を想定していた。ここが重要なんだ」

「そうですよね。方程式の解答だけでは意味がないですもんね」

「一般均衡モデルができると、所与の条件の下で、ある製品やサービスの価格変化が他の製品やサービスの価格とどのように関わるかが導きだせる。これは演繹的な推論だ。最近の金融工学のモデル*も同じですね」

「金融工学ですか。難解な数式モデルで近寄りがたいですね」

解説 合理的な投資家と摩擦のない資本市場を仮定した金融工学のモデルは、資本市場の価格形成に関する一般均衡論である。

仮説の構築と証明

「刑事は、殺人事件という証拠が集まると、次の段階の仮説を構築するよね」

「犯人探しですよね」

「普通は、被害者を特定するんだな。被害者がいるから加害者がいる」

「そうですね」

「でも、動物は、自分の肉親の死体を見て事故か他殺かなんて考えないし、加害者と被害者との関係を追及しようとは思わないでしょうね。問題を認識するには、過去の経験から被害者を特定化し、加害者との関係を考えるわけだ」

「殺人事件の因果関係に関する仮説ですね」

「そう。被害者の周辺を調査して、もめ事がなかったのか、金銭トラブルや痴情のもつれ、恨みなど抱く人がいなかったかなどを調査するわけ。そして、金銭トラブルという事実を見つけると、これを原因として加害者に関する仮説を立ててるわけだね」

「そうか、そうして犯人を追いつめる。犯行の動機、アリバイ、物証、自供などで証拠を集めて、逮捕ってわけですね。仮説が証明される」

「だけど、事件を解くときに決定論的な決めつけはできないよね。経験的なことで、確率的な事象だったりするから。個人的に多額の借金をしていて、返済が滞っていると、経験的に金銭トラブルがあるんじゃないか、これは確率的問題だね。個人的に借金が多いと、絶対に金銭トラブルが生じるとはいえない。こういうのは帰納法的推論になる」

「社会科学の問題発見は、ほとんど帰納法ですね」

「両者は相互に補完的だけど、演繹的な推論は言葉を定義していくようなものだから、仮定した状況については議論になるけど、一度仮定が認められれば、解の導出ではあまり論争にはならない。数学的証明のように論理的に説明できればいいわけだ。帰納法的な推論は、さまざまな思いを持つ人間の社会だと、いろいろな事例が見つかるから、一般的な原理の導出は大変ですね。もちろん、自然現象も難しいですが」

ちょっと難しいけど、とりあえずいいか。

「いずれにしても、Aは、Bを説明するための手段。そして、次にBはCの原因であるという仮説を立て、これを証明する。ここで、AやB、Cというのは1つの事象や事実ということではない。いくつかの事実といくつかの事実の関係と考えてよい。さらに、CとD、DとE、EとF、と原因と結果の関係を辿っていく。そして、Fの原因がAであるということになる。なぜAが起こるとFが生じるのか、という説明は、BやCを説明すればよい」

「なるほど」

「犯人逮捕の合理的な説明、つまり理にかなった説明がなければ、逮捕状は請求できないよね」

「なんとなく理解できた感じです」

言葉の誕生と仮説の証明

「たとえば、〝なぜ企業は不祥事を起こすのか〟というような問題を設定して、その理由を考え、不祥事が起こらない企業経営を提案する。そのためには、まず仮説を構築しなければならないということだね」

「確かに、仮説ですね。最初から物事の本質を断定できませんし」

「経営学も事件解決と同じだということです。これこれの動機で事件が起きたという仮説を実証することで事件が解決する。仮説が確からしいな、ということになると、経営学の理論として成立して、1つの専門的な言葉になるわけだ。仮説が何度も確認され、証明されると法則なんていうわけだね。もう、世の中は、先に進んでいるかもしれないのに、言葉が定着するのは、時間がかかるわけさ。でも、こうした時間をかけないと、言葉にはならない」

「哲学的ですね」

「みんなが理解できる言葉、少なくとも、意思決定をする人々が理解できる言葉を駆使するのが経営者の役割だね。最近、カタカナで「カイゼン」と書くけど、漢字の「改善」が、ものづくりの現場における世界共通語になったんだね。もちろん、ローマ字で書かれるけど。いわば世界共通の専門用語。カイゼンという活動が企業経営にどのような意味があるかを確認して、初めて伝えるべき価値のある言葉になるわけだ。つまり、経営の専門用語だね。経営専門用語で組織の構成員に話しかけるということだ」

経営学の奥義を解明する

「そろそろゼミ室に移動しましょう」

「大事なゼミの時間に体験取材なんかして大丈夫でしょうか?」

「大丈夫。取材といっても、君はゼミに参加するだけだから。教子が質問すれば、院生も一緒に考える。だから、どんどん質問しなさい。質問内容は素朴であればあるほど面白い。わかっていると思っていることが意外にわかっていない。わかっていないということに気づくのが大事なんだ。常識を疑うということだね」

「そうですか。現役の院生との勉強はすごく楽しみです」

ゼミ室には、総勢7～8名の院生が座っていた。だけど、意外に女性比率が高い。ビジネススクールって結構女性が多いんだ。

「みんな、紹介しておきますね。松田教子さん、私の学部のゼミの卒業生で、卒業してから、え～と何年でしたっけ」

歳がばれるでしょ。

「はじめまして、卒業して家電メーカーに勤めた後、最近、東経新聞社に転職しました。新米の記者ですが、〝社会人の学び〟について取材しています」

「それでね。今日は君たちと一緒にゼミに体験学習したいということなんだ。いいかな？」

「すみません。お忙しいのに、お勉強の邪魔をしてしまって」

「どうぞ。大歓迎です」

ちょっと年配の院生の言葉に、みんなうなずいて、軽く会釈してくれた。先生はそんなことには無頓着に話し始めた。

「彼女とは、昨日から経営学に関する議論をしているんだ」

先生は、これまでの議論を簡単に要約して、

「今日のテーマは、経営学の奥義を解明することなんだ」

「経営学に奥義なんてあるんですか。なんだか難しそうですが？」

20代の女性が質問した。何だか早口だ。この人は、日本人じゃないかもしれない。留学生かな。

「奥義といっても、秘伝のタレのようなものでも、最高の技術でもないんだ。むしろ、経営学を学ぶ上で大切な事柄ということかな。この問題に気づかないと、経営学を語れないということだね。でも、難しい問題なんですよ、林（リン）さん。言葉としてはよく使われるんですが、その意味を理解するのは難しい。特に外国人の方が議論に加わると、余計に難しい問題になるんです」

彼女は林さんか。中国人かな。

「言葉があるなら理解できますよ。辞書があれば訳せます」

林さんのイントネーションは微妙。

「言葉があっても、理解するのは大変ですよ。通訳や翻訳の前に、言葉そのものの意味が問われるんです」

専門用語を知ることの重要性

「具体的な物を示す言葉は、見たり触れば理解できるかもしれません。でも、蓄積された知識がなければわからない物はたくさんありますよ」

「そうですか?」

私が返事をした。みんなも興味津々っていう感じ。

「蛍光灯や電球を未開の人に見せても、電気が通じていなければ理解できないかもしれません。電気のないところでは冷蔵庫や電気掃除機、ましてiPadは理解できないでしょう」

「そうかもしれません。でも衣服や机とか椅子は理解できますよね」

パンツスーツの女性だ。30代かな、40代の初めかな?

「そうですね。それでも類似の生活習慣があればの話ですが。小嶋さん、たとえば、ネクタイを見たことがない人は、ネクタイを見ただけでは使い方がわからないでしょう。腰掛ける習慣がないと椅子を理解できないかもしれません。入浴の習慣がなければお風呂を見てもわかりません。雪の降らない地方では、スキー板はわからない」

小嶋さんっていうんだ。何かのスポーツをしているように見える。鍛えている体をしている。鋼のような肉体っていう感じ。これは女性に褒め言葉かな?

「抽象的な言葉を理解するのは、具体的な物に比べて、なお大変なことは理解できますよね」

「はい」

「吉田さん、抽象的な言葉も、辞書を引くとわかりますか?」

「はい、簡単に書かれている辞書もありますが、だいたいわかると思います」

「いや、それはわかったような気になっているだけです」

「それではどうしたら理解できるんですか？」

吉田さんという女性は、20代後半かな？　30になっているのかも。できる女性っていう感じがする。ビジネスパーソンという感じの薄化粧。

「自分で体験したり、繰り返し同じような状況におかれて、初めてわかるんじゃないでしょうか。専門用語に関しては、よく使われている言葉ほど多様な解釈があるんですよ。たとえば、費用という言葉を知っていますよね」

「えぇ、法人の財務も担当していますから」

吉田さんは、財務の仕事をしているのか。私は、昨日みっちり収益と費用の難しさを叩き込まれちゃったからな。

「でも、費用は奥が深いんですよ。この理解が相違しているために大きな誤解に発展するんです。何冊もの本を読んで、いろいろな学者が使う費用の概念を比較することで、初めて費用という言葉の難しさに気づくんです。難しさに気がつかないままでは、言葉を理解しているとはいえません」

「先生のお話、経営学とどう関係するのですか？　翻訳の問題ですか？　ちょっとわかりにくい。経営学の話だとわかるんですが」

「そうですよね。私は日本人だけど、日本の音楽や芸術の話はまったくダメですね。日頃関心がないと難しい。日常的な会話でも、ファッションの話や芸能界の話は理解できませんからね。外国の日常生活を知らなければ、その国の人にはごく普通の会話でも理解できない。逆に、専門用語を理解していると、外国語でも、難しい専門書が読めてしまう」

そうか。父にファッションの話をしないのは、父が私の言葉を理解できないからだ。

言葉の分類で始まる

「学問には理論がありますよね。この理論をつくるにはやはり言葉が必要ですね。抽象的な言葉の集合体です」

みんなうなずいているが、わかっているんだろうか。

「1つ1つの言葉は、ある現象や事実などを特徴づけるために抽出した要素です」

「先生、もう少しゆっくりお願いします。かなり難しくて、混乱です」

林さん。ナイスタイミングです。この辺りで、こういう切り込みは留学生の特権だ。外国人は、わからなくても恥ずかしくない。だけど、日本人の私が質問するのは恥ずかしい。

「現象」や「事実」、「特徴」や「抽出」、それに「要素」という単語を質問するわけじゃないし。

「たとえば、商品がどのように作られるかを考えてみましょう。自然から得られた原材料に人の手を加えて、生産しますね」

「はい」

「そうすると、生産活動には自然資源と労働が必要ということです」

「当たり前です」

林さんは、直裁にものをいう。そういえば、日本語には女性が話す言葉と男性が話す言葉に違いがあるし、尊敬語や謙譲語など、区別するのは大変だ。

「当たり前ですね。それじゃ、林さん、生産活動に必要な要素はこれだけですか？」

「う〜ん」

「人間は道具を使うでしょう」

「あっ、そうですね。いろいろな道具を使います。機械とかの資本です」

「そうです。そうすると生産活動は、自然資源、労働力、そして道具や機械という要素からなることになります。経済学では、自然資源は土地という言葉で表されてきました。また、道具や機械は資本といわれます」

「生産の3要素は経済学で学びました」

「しっかり学習していますね。でも、こうして生産の要素を3つにすることで、今度は、生産物の価値を所得分配の視点で分類する言葉が必要になる」

「土地と労働力と資本を所得分配で分類するのですか？」

「そうです。土地が生産活動に貢献した所得は地代、レントです。労働力は賃金、資本は利子という所得概念になります。要素に分解して、言葉を作るということは、物事を理解する上で必要な抽象化です」

「経済学入門ですね」

「馬場君が公務員試験の予備校で教える内容だね」

30代の男性は馬場さんだ。背広を着ているから、土曜日だけど予備校の仕事をしてきたのかな。

「こうした言葉の定義をすることで、労働と賃金の問題や土地と地代の問題、資本や利子の問題を深掘りできるわけです。それぞれに専門領域ができてくる。この言葉がないと、仮説も構築できないでしょう」

みんなうなずいている。林さんはノートをとっている。

「事実を表すのは、結構大変なんだよ。意味のある言葉にするには抽象化が必要なんです」

「労働とか資本とかですね」

「そうです。事実を記述するためには、必ず必要です。一見して、〝なぜ〟という問いはありませんが、言葉を作る以上理由がある。たとえば、植物や動物はある基準で分類されますよね。動物は、ほ乳類とか魚類とか、さらに細かく分類して、何々という名前の犬ですというように」

「ここで、どうしてプードルではなくて、柴犬なんですか？　という問いがあれば、この犬の種類の特徴を集めて分類して柴犬っていう名前を付けちゃったから、というような答えしかできない」

「一応、分類しているので、名前を付ける理由はありますよね」

「そうです。柴犬とはこういう犬ですよと定義することで、柴犬に関する説明が可能になります。柴犬は、これこれの条件が整うとしっぽを立てるというような説明です。条件は原因で、しっぽを立てるのは結果ですから、因果関係の説明です。たくさんの柴犬で実験してみるとこの仮説が証明される。柴犬という名前を付けたからできる実験ですね。プードルやブルドッグが混在してしまったら証明できない。これは演繹的な知識ではなく、経験的に判断されることになるから、帰納的推論ということだったね。この推論を得るには、きちんとした言葉が定義されていなければダメなんです」

わかる。柴犬か。

「蜂蜜は甘いというのもたくさんの蜂の蜜をなめて経験して結論を得る。松の樹液が混じっていたら検証にならないよね」

うん、うん。

「福岡伸一氏の『生物と無生物のあいだ』という本では、ウイルスの話を取り上げているんです。ウイルスって何でしょう。細菌とかじゃないんですね。呼吸もしなければ栄養も摂らない。生物なのか無生物なのかわからない存在です。野口英世の時代には顕微鏡でも見えなかったんですね。こういうものを特定することで、ウイルスが高熱の原因であるか否かの仮説を検証できる。言葉を作るのは、新しい発見なんです。それが新たな仮説と検証に導く」

なるほど。うなずくばかりだ。

「社会というものを捉えて説明するのは、因果関係とは限らず、こうした分類学的な説明が最初に必要なんです。経営の諸機能を分類して、財務、労務、購買、生産、販売というように分類しないと、そもそも何を論じてよいか、自分はどういうテーマを選択しようかということが決まりません。全体を部分に分割し、さらに部分を分解していくことで、対象を記述的に説明しようとするわけです。こうした記述的な分類による言葉の発見が科学の基礎なんです」

「戦略や戦術、財務や労務など、経営に必要な言葉も、すべてがある特定の意味を表す抽象化された要素です。この要素を組み合わせて、理論が構築されるのです。バーナードの組織論*は、彼が考える組織というものを説明するのに重要と思われる要素を抽出し、それぞれを組み合わせて彼の組織を説明している。要素の抽出も、それぞれが言葉を作る作業であり、これを結合して、バーナードの組織概念を構築するわけだね」

解説 C・I・バーナードの組織論は、近代組織論の起点であり、組織の維持・存続のための条件として目標の達成度を示す「有効性」とその「能率」の2つを挙げた。

「なるほど。意識しないで使っている言葉がたくさんあります」

「しかも、1つ1つの言葉は、ある特徴を表すために不必要な部分を捨て去らねばならない。捨象するんだけど、何を捨てているのか、何が残されているのかが明確にならないまま言葉を使うと、理論化した段階でいろいろに解釈されることになる」

「理論を誤解する可能性があるんですね」

「しっかりと捨て去るものを捨て去って誕生した言葉は、明確に定義された言葉です。曖昧な言葉がいくつも使われたら困るからね。プードルと柴犬が明確に区別されないような定義は、言葉として意味がないでしょ」

「新しい言葉が新しい理論によって誕生するというのは、論文の作成に関係するということですね。ついつい、調べたことをたくさん書きたくなる。だけど剪定不足の植木みたいですね。見ていて美しくない。どこに枝があるのか、肝心な幹の形が見えない。先生によく注意されました」

「うまいことというね。中倉君」

年配の方は中倉さんか。なかなか面白い比喩を使う。植木屋さんだったりして。

「1つ1つの言葉の定義を丁寧に使って、これを積み上げていくんです。重力の法則を理論化するために、空気抵抗をなくすというような作業です」

「サスペンス事件で説明してもらえますか？」

一同の視線が私に。そうだ、サスペンスの例は、私と先生の会話だった。でも、先生は、みんなを見ることなく、私の質問に答え始めた。

「金銭トラブルという要素と恨みという要素に分類することはサスペンスドラマのテーマを絞り込む上で重要ですよね。こうした分類が曖昧だと、事件を解決できない。複雑な事件では、恨みと金銭トラブルが複雑に絡んでいたり、男女問題なんかも絡むと、複雑な説明が必要になるでしょう。でも、これらの絡まった糸をほぐしていかねばならない。きちんと要素を分離して整理しないと、解決しないわけです。整理の仕方を間違うと、誤認逮捕とか迷宮入りの事件になるかもしれない。刑事同士が自分の仮説を巡って熱い議論をする場面は、犯罪の要素の分類とこれを解きほぐすときに生じるんですね。言葉をしっかりと定義し、それぞれの意味に誤解がないようにしないと議論は白熱しますが、ただのすれ違いということもあります」

「社会科学の論争も、言葉の誤解が原因ですか?」

「そういうことが多いと思います。理論を構築する際の諸前提が曖昧だったり、異なっていたり」

「そうすると、分類するのも学問ということですね」

「記述的な説明になりますが、ある課題、つまり事件ですね。これを恨みや金銭トラブル、あるいは愛憎というような構成要素に分類して、それぞれの部分で説明し、その部分の積み上げで全体を説明する。部分も細分化されると、さらに緻密な証拠になる。こういう意味では、分類することで全体が理解できるわけです。学問は言葉によって成立するから、言葉による分類が、さまざまな理論の出発点といえますね」

「かなり難しいかも。このまま進むと哲学講義みたい。先生、やはり元に戻りましょう。奥義の話に」

私が質問したのに私が途中で遮ってしまった。でも、みんなも少しほっとしているようだ。

第6話　価値判断と曖昧さの経営学

奥義は価値判断

「なんでしたっけ」

「ほら、脇道にそれ過ぎです、奥義ですよ、経営学の」

「そうそう、経営学に限らず、社会科学の多くは、価値判断から逃れられないということです。価値観や規範から中立になるのは難しいんです」

「価値判断ですか？」

「〝あるべき〟論です。〝何をすべきか〟が難しいという話をしましたよね」

「〝あるべき〟論？　なんですか、それ」

林さんが反応した。

「林さん、正義や正当性などに関する議論です。でも、私にもよくわからない分野です。哲学的ですね」

みんな真剣な顔で聞いている。

「先生、ちょっとよろしいでしょうか」

「なんですか。松本君」

「言葉の1つ1つはわかるようなんですが、意味がわかりません。もう少し具体的に説明してください」

松本君だ。彼は私と同じくらいかな。

「そうですね。言葉は難しい。では、松本君に、いや皆さんに質問です」

「質問？」

「はい、簡単な質問ですよ」

「人間は平等であるべきですか？」

「もちろんです。決まっているじゃないですか」

「松本君の意見を否定できる人はいますか？」

「はい。否定ということではありませんが、平等の意味が曖昧です」

吉田さんだ。もっともな意見だ。

「なるほど。それでは松本君は、どういう意味で理解しましたか？」

「人間として、健康に生きる権利とか、幸せに暮らす権利とか」

悩みながら、ゆっくりと答えている。

「うん。では所得の面はどうでしょうか？　所得の格差についてはどう思いますか？」

「それはある程度は仕方ないと思います」

松本君は困った顔をして答えた。

「ある程度ですか。所得を得るために、スタートとなる機会を平等にするという考え方と結果を平等にするという考えがありますが、どちらでしょうか？」

「機会を平等にすべきだと思います」

これは即答だった。

「なぜですか？」

「う～ん。結果を平等にすると、みんなまじめに働かなくなるからです」

今度は、少し時間をかけて、慎重な言い回しだ。

「その結果、所得の格差があっても、ある程度は仕方がないということですね」

「はい。そうです」

「どの程度の格差であれば許せますか。年間1億円と100万円、これは100倍ですが、いかがでしょうか？」

松本君は、首を傾げながら、

「ちょっと格差があるかもしれません」

「ということは、今の社会は認められない。この程度の所得格差は存在していますし、これ以上の格差がありますよね」

「そうですね。私の許せる平等ではない」

「吉田さんはどうですか?」

「野球選手やサッカー選手は数億円を稼ぎますし、芸能人になると、もっと稼いでいる人がいますから、この程度の格差は許されると思います。アメリカなどではもっと格差があるし」

「こうした程度は、人によってそれぞれだと思いますが、正しいとか間違っているという性格の問いではないでしょう」

松本君は、やはり首を傾けたままだ。

「男女の雇用問題について考えてみましょう。これも同じような問題になりますね。男女の雇用の機会均等と、結果としての雇用者数の問題です。この辺りは結構混乱していますが、整理は重要でしょう。就職したくない、家事を手伝いながら、結婚したら専業主婦になりたいと考える女性もおりますから、機会均等であれば、結果的に男女の雇用差になるかもしれません。しかし、人によっては、就職したくないということが問題であると捉えるかもしれません」

なるほど。混沌としてくる。私が大学を卒業する時点では、女子もほとんどが就職を希望していた。途中で諦める人もいたけど、諦められる状況も社会問題かもしれない。私の母は、短大を卒業しているけど、高卒がほとんどで、大学に進学する人はクラスで1人だったって言っていた。大卒と高卒では雇用機会が異なるのも当然。だけど、女子が大学に進学しないという社会環境も問題かな。

「原子力発電には賛成ですか、反対ですか」

「反対です。原発は危険ですし、自然エネルギーに代替すべきだと思います」

小嶋さんが即座に反応した。

「なるほど、小嶋さんは反対なんですね。危険ですか？」

「危険ですよね。放射線とか放射性物質だとか、よくわからないけど、健康を害する目に見えない危険物質が飛散するし、海洋を汚染したりで」

「健康を害するんですか？」

「癌になる危険です」

「癌ですか。いつ頃癌になるのかな？　山浦さん、その確率は？」

良いとこの奥様みたいな人は山浦さん、身につけているブランド物も高そうだ。

「それはよくわかりませんが、癌になる危険は高いようですよ。でも、いまの医学では正確にはわかっておりません。なぜなら、みなさん、誰もが癌にかかります。厚労省の死亡率では癌が第1位です。原発の事故とは無関係にたくさんの人が癌でお亡くなりになっているんですから」

「そうですね。そうなると今回の原発の事故がなくても、多くの人が癌になるわけですね。実際に、癌で亡くなられている」

「はい。ですから、原発による事故で放射線が問題になるまで、反対とか賛成とかは考えていませんでした。原発が危険ということも聞いていおりませんでしたので」

山浦さんは、仕事をしているのかな？　奥様っていう感じなんだけど。だけど医療に詳しいからお医者さんだったりして。

「人間の作るものに完全はありませんから、事故はつきものですよね」

「そうです。ですから原発の事故が起きて、あれは危険だと思ったわけなのですが。間違っていますか、先生」

小嶋さんの声が少し大きくなったようだ。

「もう一度確認しますね。原発は危険ですか？」

「間違いなく危険です」

小嶋さんに松本さんと林さんの声が重なった。

「危険というのは、どういう意味で使っているんでしょう？」

「えっ、だから将来の癌になる危険ですよ」

林さんが即座に返事をした。林さんは、こういう問題に関しては、ものすごく敏感なんだ。

日本語の問題なんてないかも。

「将来の癌になる危険とは確率ですね」

「確率といえばそうです」

「だけど、山浦さんがおっしゃったように、確率は正確にはわかっていないんです。野菜の摂取不足で癌になる確率と同じかもしれない。でも、わからないということは不安ですね」

確率的にわからないというのは、不安なんだ。そういえば、イノベーションは、確率で捉えられないという。不安な中での起業、だからこそ、起業家精神が必要なのかもしれない。

「癌になっても、完治する確率が高いとわかっていたら、どう思います？　たとえば、将来癌になる可能性は高まるが、大事には至りませんよ。風邪薬を飲むように、簡単な治療で治りますから、ということであればどうでしょう。松本君、製薬の開発にかかっているんですから、イメージはわかりますよね」

松本君は製薬会社に勤めているんだ。しかも、開発。癌の特効薬はいつできるんだろう。

「そういうことであれば、危険とは感じませんね」

「つまり、死に至る可能性が高いから危険と感じているわけですね」

「そうですよ。癌ってそういう病気でしょ」

林さんの目は、ものすごく真剣。

「いや、癌になっても、多くの人は完治していますよ。この分野の進歩は著しくて、日進月歩です。10年とか20年前には考えられないくらいの進歩です。そうですよね、山浦さん」

やっぱり、山浦さんは、医療関係のお仕事か。それとも、ご主人がお医者様だとか。

「それはわかりますが、現状では何とも申し上げられません」

「希望的な観測ですが、原発の事故で将来癌になる人が増えたとしても、治療技術は格段に進んでいるでしょうね」

「それは期待できますが、そんな希望的な見方では納得できませんよね。緑さん」

林さんの思い詰めたような発言で、山浦さんがうなずいた。山浦緑さんか。

「その通りですね。でも、原発の事故では、現在の段階で放射能汚染により亡くなられた人はいませんよ。地震や津波の災害では亡くなられましたが」

「そうですけど、現在の問題というより将来の問題ですよ。将来については考える必要がないのですか？」

林さんが頑張っている。中国でも原子力発電が増えるようだ。彼女はこの議論で、何らかの責任感を背負っちゃったんだ、きっと。

「いやいや、将来問題は重要です。将来のことを考えるのが人間ですよね。でも、もう少し考えましょう。毎日のように事故で亡くなる人はいます。交通事故は、減少傾向にあるとしても、毎日のようにニュースになります。煙草が健康に悪いことは統計的にも証明されています。現段階で、原発事故の死者はゼロ、将来の健康被害の確率も不明です。なぜ、鉄道を廃止しよう、自動車会社をなくそう、煙草を販売中止にしようといわないのでしょうか？」

「それは、必要性が高いからです」

「原子力発電は必要性が低いでしょうか？　煙草は？」

「電力は代替エネルギーに転換可能ですし、煙草は税収にも関係するから」

林さん以外は黙って聞いている。彼女に託しているのかな？

「煙草の健康被害には目をつむり、税収を優先するんですか？　まさか」

「先生、煙草は嗜好品です。だから本人が選択するんですよ」

「林さんは喫煙者なの？」

「私は喫いませんよ。それが何か？」

「本人の選択することを是とするのであれば、麻薬は？」

「先生、話が極端になっていませんか？」

「自己の責任ですべてが解決すれば、問題にはなりません。麻薬は国を滅ぼしますね。煙草の火の不始末で火災が発生することもある。火災保険料が上がる。煙草による健康被害でも、保険料の負担が増えます。自己責任で喫煙していた人が、病気になって希少な病院のベッドを占領してしまうかもしれない。ベッドの占領は、社会的なコストを上昇させるし、喫煙者の副流煙で健康を害した人の入院が遅れるかもしれない」

「先生、やっぱり極端な感じです」

「ごめん、ごめん。喫煙者を攻撃しているように捉えないでください。ここでは極端な話を設定するのが重要なんです。電力の代替エネルギーについても同じです。もし、代替エネルギーがない場合は、どうしますか？　極端な話ですが」

「また極端な話ですか。石油もないということですか？」

「石油があれば、危険な原子力には依存しないけど、石油がなければ原子力に依存するということですか？」

「ええ。でも、太陽光や水力、風力、地熱など、代替エネルギーはあるわけですから」

「私が極端な議論をするのは、程度問題だということを確認したいのです。現在の代替エネルギーは、原子力に比較するとエネルギーコストが高いわけです。この高いエネルギーコストを負担しても、原子力の危険よりは好ましいということですか？」

「そうですが、こういう設定はダメですか？」

「これは比較の問題です。君の価値観が判断の基準にあるんです。貧しくても、健康が重要なんだ、という主張はわかりやすいのですが、どの程度の貧しさを許せますかという議論になると、個人個人に違いが生じるでしょう」

「健康被害と物質的な豊かさの比較ですか？」

「健康問題のみではありません。自動車がなくても生きていけますよね。飛行機や鉄道がなくても」

「でも、代替手段がないでしょう」

「ありますよ。歩けばいい。自転車もあります。昔に戻るのであれば、馬車や牛車というのもどうでしょう。事故が起こらないように最高速度を30キロにしてもよいでしょう」

「またまた極端ですね」

「中国版新幹線の事故がありましたね。問題は同じではないでしょうか？」

「スピードと安全性ですか」

「自動車も、鉄道も、そして飛行機も事故を起こし、現在、多くの方が亡くなられているんですよ。なぜ、歩きましょう、とはいわないで、原子力には反対するのでしょう。交通事故に遭われた人々は、二度と運転をしたくないかもしれません。飛行機事故で親族を亡くされた方は、飛行機に乗りたくないかもしれません。いま亡くなられる人より、将来の健康問題を優先するのは、どういうことでしょうね」

「価値判断があるということですね」

小嶋さんが割って入った。

「そうです。原発と鉄道は、どちらに正義があるか、ということです」

「正義ですか。結構難題ですね」

林さんも、議論の本質を捉えたようだ。

「そうですね。何が正義か、ということを判断するには、判断するための材料が必要ですよね。たとえば、すべての原子力発電所が停止して、電力コストが高くなると何が起こるのか、という判断のための材料です。この材料は物質的な豊かさのみに関わるものではありません」

「どういうことですか？」

「石油もいずれは枯渇します。代替エネルギーの開発は急務ですよね。まさか50年前に戻って、冷蔵庫もエアコンもない世界でよいとはいわないでしょう。家電製品のない世界で、精神的に豊かな暮らしができますか？　家電製品が豊富に使えるようになり、家事労働から解放されて、女性の社会進出が可能になりました。産業界は、安く安定した電力供給のおかげでさまざまな生産活動を営めます。電力コストが上昇すれば、国内の生産活動は厳しくなりますから、失業者が増えるでしょうね。失業者の増加は豊かな暮らしといえますか？」

「う～ん。厳しい話ですね」

松本君が唸っている。かなり悩んでいるみたい。

「原発は、誘致した地域の雇用や税収にも関わっています。地方の経済にとっては、本当に大事な職場でもあるんです」

「う～ん。やはり経済優先という感じです」

「そうですね。アメリカ軍の沖縄駐留にしても、同じような議論をしなければなりません。公立小中学校では耐震基準に満たない校舎が2万棟以上あるようです。震度6で倒壊するというから、想定外ではないんですね。誰が責任をとるんでしょうか」

「厳しい議論ですね」

「程度問題なのですが、この基準を決めるのは価値観ですよ。個々人があるべき社会を想定しなければ、解答はありません」

「価値判断や正義の問題が重要であることはわかりましたが、でも、政治的な議論のように感じます。これは経営学に関係しているんでしょうか?」

中倉さんは、パソコン画面を見ながら質問してきた。パソコンで何を見ているのだろう。ちょっと覗いてみたい。

「意思決定をする人は、機会を選択しますよね。最後は、何かを犠牲にしなければならない。企業における最後の選択は、経営者の役割です。それが国家であれば、大統領や首相ということです」

「最後の判断基準ということですか」

私も発言せずにはいられなかった。

社会科学と自然科学の違いは中立性?

「ええ、学問として、価値判断から中立になろうとすることは重要なんですが、経営者は、いつでも価値判断を迫られます。たとえば、経営者は従業員の健康や安全と製品コストの関係を秤にかけねばなりません。製品の質や安全性とコストの関係についても同じです。これらは、いずれも程度問題です。正しいという明確な基準は存在しないのです」

「この価値判断は人間の意志なんですね」

「そうです。生物的な本能ではなく、おそらく社会によって形成されたものでしょう」

私は昨日の寿司屋の会話を思い出していた。自然科学と社会科学の違いについて。

「先生、そうすると価値判断から中立になれば、自然科学と同じようになりますか？　同じような科学に」

「そうですね。価値判断をせずに事実のみに依拠して理論を構築できれば、そうなるかもしれません。価値判断は反証できないでしょ。反証できないものは科学ではないという考え方もあるんですよ」

「反証可能性ですか」

「反証できないなら、立派な理論じゃないんですか？」

「反証できないというのは絶対ということでしょ。それは神様の世界になっちゃう。だけど、価値判断は、人間の判断だし、みんなそれぞれ違うわけ」

「それで価値判断から中立になればいいんですよね」

「そうなんだけど、経営者の所得は一般従業員と比較してどの程度高くすべきか、従業員の福利厚生を高めるべきか、性別に関わらず同じ仕事をすべきか、社会的責任の是非などは、価値判断について問うことになります。私たちは、無意識のうちに社会のあるべき姿を前提に議論したり、社会的な価値について議論することがある」

「価値判断なしの社会問題や経営問題はあるんですか？」

「発見される問題は、どこかに価値判断が存在しているでしょうね。価値判断自体は、その善し悪しを分析するということができない。科学的な議論で評価できない問題なんだよ。だから、経営学では、ある種の価値判断を前提として、これを明確にした上で議論を展開することが望ましいんだ。テーマの是非を問わずに、与えられた問題として解くことのみを考えるときには価値判断から解放されるんだ」

「演繹的な推論ですね」

私は、確認しながら次の質問をした。

「そうです。正義に影響される学問ですが、正義そのものを対象にはしないということになるでしょうね。原理なんていう言葉は、経験的に真実と思われているけど証明が困難な問題をさすときに使う。ということは、経営学原理となると、そうした証明のできない経験則に則って、これを不問にして議論を進めるということになりますね」

「経営意思決定に価値判断が働いているということは、自然科学の成果が社会に還元される時点で価値判断がなされているということですね」

「その通りだね。ロケットの開発は、貧しくて食べられない人の食料予算と秤にかけているんだ」

熱い議論だ。奥も深いし、こういう議論をする場は会社にはない。だらだらした無駄な会議というわけではなさそうだ。使っていない頭の筋肉、いや神経を刺激して気持ちいい。

コラム

倫理も仮説になるの？

そう言えば、マックス・ウェーバーは資本主義とモラルや倫理の問題を研究していた。モラルや倫理は、価値観と不可分だ。プロテスタントの一宗派が近代資本主義を生み出したという。1900年代のはじめに発表した『プロテスタンティズムの倫理と資本主義の精神』の中で、プロテスタントの一宗派が近代資本主義の精神を生み出したという。これは仮説だよね。こんな仮説を証明するのは大変だ。与えられた職業生活を受け入れ、禁欲的に働いて、質素な生活をすれば救済される。職業生活で成功すれば救済の証になるというんだけど。もちろん、反論もされているから、この種の仮説は法則にはならないね。

「自然科学との相違は、価値の問題だけですか？」

馬場さんが突っ込んできた。

「もう1つは曖昧さですよ」

資本主義の精神は、当然、自然科学のようには証明できないか。

「曖昧さ？　それって科学ですか？」

吉田さんも参戦してきた。

「価値や正義というわからないものを前提として、さらに曖昧さが伴うわけですね」

ん？　正義や価値観とは別の部分の曖昧さか。どういうことだろう？

「そんな学問に価値がありますか？」

彼女の意見にはうなずける。1票だね。

「おっと、もう3時ですね。いったん休憩しましょう。続きは、3時15分からでいいですか？　本岡君、一服するんでしょ」

「はい。一服してきます」

「じゃ、15分から」

証明できる自然科学と曖昧な社会科学

「さて、後半戦に突入だ。経営学の価値問題から、さらに曖昧さの問題だったよね」

「えぇ、それで私が、経営学は科学ですか？　って」

吉田さんの質問に先生が続けた。

「理論は、複雑な諸問題の中で、ある特定の事象や事実を別の事実や事象により単純化して説明するものです。この単純化は、先に説明しましたね。まず仮説と称して、仮の説明をしてみる。そして実験などで、この説明が特別な状況などでなくても、想定した範囲であれば再現できることを確認する。こうして、理論として強固なものになります」

みんな静かにうなずいている。

「自然科学では、複雑な自然現象の中で、特定の事象や事実を試験管や実験室の中で取り上げることができます。そのため、仮説が実験により何度も確認できれば、仮説は何度も検証され、正しい理論ということがわかるわけです。原因と結果が確認できるわけですね」

「実験で反証されなければ、仮説は仮ではなくなるということですね」

吉田さんが確認した。

「そうですね。ただし、自然科学の実験も簡単じゃない。先日、ニュートリノという素粒子の速度が光より速いという実験結果が新聞に報道されました。国際実験チームによる測定結果なんですね。この実験が正しければ、アインシュタインの相対性理論を覆すことになる。現代物理学が正しいと考えていた理論が反証されることになる。タイムマシーンもできちゃうわけですね」

「相対性理論も反証可能な仮説だったということですね」

「そうなりますね。だけど、問題は、光より速い速度をどうやって測定するかということです。実験の仕方ですね。ある地点からニュートリノを発射して、別の地点に到着するまでの時間を計る。いま発射しましたっていっても、光は、そんな情報より速く到達しているわけです。光より速いんですから、測定の方法は難しい。測定方法が正しいと証明されないと反証されたとはいえない」

「自然科学の実験も技術水準によって左右されそうですね。顕微鏡では見えなかったものが電子顕微鏡で見えたり、光より速い物質を測定可能な技術の発明とか」

「仮説が反証されない限りは、その時点までは正しい理論と考えるわけですが、いずれにしても仮説であり続けるわけです。仮説でなく、真理だということになれば、誰も考えなくなる」

「考えなくなるということは科学ではなくなるということですね」

「そうですね。だから、仮説のままであるけど、とりあえず、その時点で最も真理に近いものとして、理論を利用するわけです」

「理論を利用するっていうのは？」

「原因と結果の予測ですね」

「なるほど、こうなればこうなるという予測ができるわけですね」

馬場さんだ。先生のサクラ？

「そうです。社会科学でも、ある種の関係を説明する仮説を確認しなければなりませんね。サスペンス事件では証拠を集める作業でしたが、そのために、たくさんの経験的な事実を集めて、統計的手法などで実証します。ある事実とある事実の関係を説明し、因果関係を明確にする証拠を集めるわけです。でも自然科学に比較すると、証拠集めが大変なんです」

「どうしてですか?」

「実験室がありませんからね」

「でも先生、自然科学も同じなんですよね。光より速い物質を測定する実験室がなければ、相対性理論は反証できない。反証可能なものが科学であるとしたら、完全に証明しないまま、○△理論っていうようにいうんでしょ。物証がないのに逮捕するのと同じ感じですよね。状況証拠で逮捕しちゃう。これって自然科学でも同じく問題じゃないですか?」

さすが、松本君。突っ込みがよろしい。

「そう感じるのは当然かもしれません。しかし、社会科学は物質同士のような意志を持たない自然を相手にしているわけではないので、ある種の意思決定が、特定の結果に導くというような単純な理論を構築することが難しいんです。簡単な実験も難しい」

人間の意志は本当に厄介なんだ。

「人間の行動は、個人的にも変化しやすいでしょう? 気持ちが変わりやすい。集団になると、集団心理など厄介な要素も加わります。仮説を実際のデータで検証しても、あなたの気持ちや周囲の人の気持ちを変えないとして、とか、君たちの所得に変化がないとして、というような現実的にはありえない仮定を設けなければなりません。実験室がありませんから、厳密に証明することもできないんです。だから、なかなか説得力が伴わない。誰もが信じられるような理論がつくれない」

「信じられない理論は、学ぶ価値がないように思います。言葉を理解するのは大事ですが、先ほど先生がおっしゃったように、言葉の定義が曖昧では使えないと思うんですが」

鋭いな、吉田さん。

「確かにそうですね。信じられる理論は、多くの検証が行われることで再現可能性が高まりますが、再現しないとなれば、仮説は仮説のままですし、そのままでは意味がありません。理論は、ある事象や事実の中から特定の要素を取り出して、別の時点や場面でも同じ要素を当てはめると同じような事実や事象になることを期待しているのです。理論が起こりうる結果を予測したり説明したりするわけです。だから、再現できなければ理論の価値はないことになります」

「経営学の理論は、再現できないってことですね」

松本君も、熱心なんだな。

「正確には再現が難しいですね。自然科学のように明確な関係にはならない。重力を測定するときに真空にすることができなければ測定できない。社会現象は、いろいろな要素が絡まって起こっているのですが、ある特定の事実以外を真空にするなんてことはできない。より確実な物証が得られないため、無実のまま逮捕されたり、有罪なのに無罪になったりする確率が高そうなんですね」

「そんなぁ」

「科学じゃないよね」

「それで役に立っているのかな？」

みんなうなずきながらも懐疑的になっている。

統計的な分析

「意志のない自然科学の実証は、実験室が可能であれば、社会科学より実証しやすいかもしれない。だけど、自然科学でも意志を伴うことがある。たとえば、霊長類の色覚が発達したのは熟した果実を見つけるためだっていう仮説は、簡単には証明できていない。実験室なんてないでしょう。これに対して、蛇のような天敵を察知するために色覚が発達したという仮説が示され、人間の子供をサンプルにして、白黒写真とカラー写真で蛇の絵を選ぶ時間を測定したりして実験する。こうした検証は、社会科学に近いような曖昧さが残るでしょう。人間を実験対象にするから」

「そうかもしれません。自然科学でも、どんなにたくさんの子供をサンプルにしても、仮説が論証されたとは思えませんね」

「経営学は、ほとんどがこんな状況です。いつも曖昧なんです。ある興味のある仮説が示されると、いろいろな研究者が実証研究をして、確認しようとします。米国で実証された研究を日本で実証してみたり、異なるサンプルや、異なる時期のデータで検証しています。しかし、前提としている条件が変化してしまうために、ほとんどの実証研究は正反対の結果になったりして、なかなか確固とした理論になりません」

「反対の結果ですか。そんな理論は使えないでしょ」

松本君が必死に抵抗を始めた感じ。

「そう感じるでしょうね。統計用語に、相関係数というのがありますね。AとBには正の相関があるといえば、Aが上昇すれば、Bも上昇するということです。反対方向に動くのであれば、逆相関、負の相関です。ですから、統計的に検証してみて、一方の実証結果が正の関係を示し、他方が負の結果を示すということがあるわけです」

「かなり問題ですよね」

「ですから、いろいろな論争になって、確固とした理論にはならないんです。反証されちゃうんです」

「ふ〜ん」

何となく諦めムードの返事だ。経営学に対する失望なんだろうか?

「しかも、AとBの間の関係の当てはまりの良さを知るために決定係数というのが計算されます。R^2です。これは1に近づけば近づくほど説明力があるわけです。0・9という場合は、Aの動きはBの動きによって90%は説明できるということですね。残りの10%はB以外の要素で説明しなければならないということになる。でも、この程度の感じは、説明力としては良さそうでしょう」

「そうですね。問題ないでしょう」

馬場さんは落ち着いて答えている。

「でも、経営に関する問題は、決定係数が０・３とか、０・２とかという値でも証拠に使われるんですね。場合によっては、０・０５とか、それ以下でも」

「先生、それっておかしくないですか。証拠としては70％とか80％、あるいは95％は、別の要素を加えなければいけないということですよね」

松本君の疑問はもっともだ。製薬の開発ではあり得ないだろう。薬とは無関係な原因で治ったり、治らなかったりするんじゃ。

「そうです。最近は、決定係数を記載しない論文もありますからね」

「なんか変ですね。そんなんでいいんでしょうか」

「こうした分析は、母集団に関する関係について仮説を立てているわけですね。ＡとＢは関係があるという仮説」

「はい。そうですね」

「だけど、実際に分析するときには、標本、つまりサンプルを持ってくるわけですね。それで、自分の立てている母集団についての仮説がサンプルを分析した結果で説明できるかどう

対立仮説と帰無仮説

対立仮説	帰無仮説
新　薬＞現在の薬	新　薬＝現在の薬
↓	↓
↓	起こる確率（有意水準）1％ or 5％
↓	↓
証　明！	棄　却

かを確認する」

「ええ」

「これは仮説の検定なんですね。自分で立てている仮説を対立仮説、この仮説に反するものとして、帰無仮説が棄却されるかどうかを検定する」

「帰無仮説？」

「松本君、新薬の開発は、当然、現在の薬よりも有効でなければダメだよね」

「もちろんです」

「そうすると、帰無仮説として、新薬と現在の薬の効き目は同じであるという仮説を設ける。この対立仮説は、新薬が現在の薬よりも効き目がある」

「なるほど。棄却されれば自分の仮説が証明されたということですね」

「というよりは、影響している可能性が高いぞ、ということかな」

「もう少し説明してください」

「つまり、自分の証明したい仮説に反対する帰無仮説を作るでしょ。この場合、AはBと無関係であるというような仮説ですね。この帰無仮説が正しい場合の検定統計量を計算して、この統計量のわずかな可能性、たとえば1%とか5%とかいう、めったに起こらないような事象に入る確率を検定の有意水準と称して、サンプルがここに入れば帰無仮説は棄却される可能性が高くなるわけだ。完全ではないけど」

「1%でも5%でいいんですか?」

「棄却域は自分で決めるんだ。10%でもいいんだけど、小さな方がいいよね。AはBに有意な影響を持つ変数ということになるけど、10%は無関係の可能性もあるというのでは困るでしょ」

「そうですね。でも、関係があることはわかるけど、それも否定できないという意味で、その関係がどの程度かはわからないということですよね」

「そうだね」

「真犯人がいるけど、こいつも犯人の一味の可能性がある、という程度なのかな?」

「無関係とはいえない可能性が高いけど、どの程度の関係かは帰無仮説が棄却されてもわからないね」

「そうですね」

前提とする条件が非現実的

「さらに使えないと感じるような話も付け加えましょう。情報が完全であるとか、税金や取引コストが存在しないような完全市場を想定した仮説は、そもそも現実の世界には存在しないのですから、これを実証するのはおかしいですよね。でも、これで実証しちゃうんですよ。その結果が仮説を支持する場合、君は仮説が正しいと感じますか？　現実にはあり得ない状況を想定した仮説が、現実の世界で証明されたとしたら、どう考えるべきでしょうね」

松本君を奈落に突き落とすよう。経営学に対する絶望？　光は見えないのかな？

「それは仮説がおかしいか、現実がおかしいか、あるいは実証研究の方法がおかしいか、いずれにしても、説得力はないと思いますが」

「そうですね。でも、そうした研究方法が一般的ではあるんです。無罪とはいえないという証拠かな」

疑わしいだけで逮捕して起訴しちゃうんだ。裁判はどうなるんだろう。疑わしいだけなら被告人の利益を考えなきゃ。

「なんだかでたらめに感じますが。犯罪をでっち上げているようにも感じます」

「ＤＮＡの鑑定手法が導入されると、かなり精度の低い段階でも使いたくなるでしょう？　科学的な成果が社会に役立つ道具になるわけですが、道具が不完全な段階で使うと間違いや事故のもとですよね。冤罪も起きましたね。近年は、パソコンの性能が向上し、それと同時に統計ソフトが豊富に使えるようになりました。20年前であれば高性能な大型コンピュータで実証すべきものを、誰でもパソコンで実証できるようになったんです」

「すごいじゃないですか」

工学的な技術は日進月歩なんだけどね。経営学は牛歩のようだ。

「しかし、統計学の十分な理解がないまま、ソフトの利用方法だけが増えてしまう。これは誤認逮捕に導くかもしれないっていうことですよ」

「やっぱり」

「誤認逮捕しないようにするには、より分業が必要なのかもしれません。仮説を構築する人と仮説を確かめる人がそれぞれに専門家としての役割を果たすのが理想でしょうね」

「サスペンスドラマでも事件の捜査は分業ですもんね」

「うまいとこ突きますね」

第7話 説明力としての経営学

証明できなくても価値がある

「でも、経営学はもっときちんと証明しないと」

　中倉さんの久々の発言。

「そうかもしれません。でも、なぜ証明が難しいかを考えると、意外なことに、証明ができないことに価値が見つかるんです」

「どういうことでしょう？　意味がわかりません」

　わずかに薄日が射すのかな？　このまま進んだら、経営学は社会科学というようなものじゃなくなっちゃう。

「経営に正解はないというでしょう。いろいろなケースがあって、それでケーススタディなんかをするわけです。それは、前提条件を吟味するということです」

　前提条件の吟味か。だけど、正解がないことを前提とするのも、何となく釈然としない。

「自然科学では、たとえば、重力の法則を実験で検証するときに、空気のない真空状態を作りますよね。空気抵抗があると、葉っぱと鉄のボールは、落ち方が違うからです」

「はい、それはわかります」

「社会科学では、こうした実験が難しいんですよね。具体例で示した方がわかりやすいでしょう。たとえば、需要と供給で価格が決まるという需給の法則を考えてみてください。法則っていうくらいですから、かなりの自信があるわけですね。経済学の基本的なモデルですね。価格が高いと買いたいと思う人は少ないし、買える人も少ないから、価格の上昇とともに需要量は少なくなります。需要量の関係は、価格と反対の方向に動くわけです」

「わかります。右下がりの需要曲線ですね」

コラム

教子の復習

需要と供給に関する先生の講義を思い出していた。縦軸に価格（P）、横軸に需要量（Q）をとるけど、この書き方は、私たちが使い慣れたYとXの方程式を図にするときとは違っていた。たとえば、Y＝2X＋1という場合には、縦軸にY、横軸にXをとって、Xに1を入れて、Yが3、Xに2を代入して、Yが5というようにしてグラフを書いていった。YはXの変化に従属して変化するため、従

図ー①

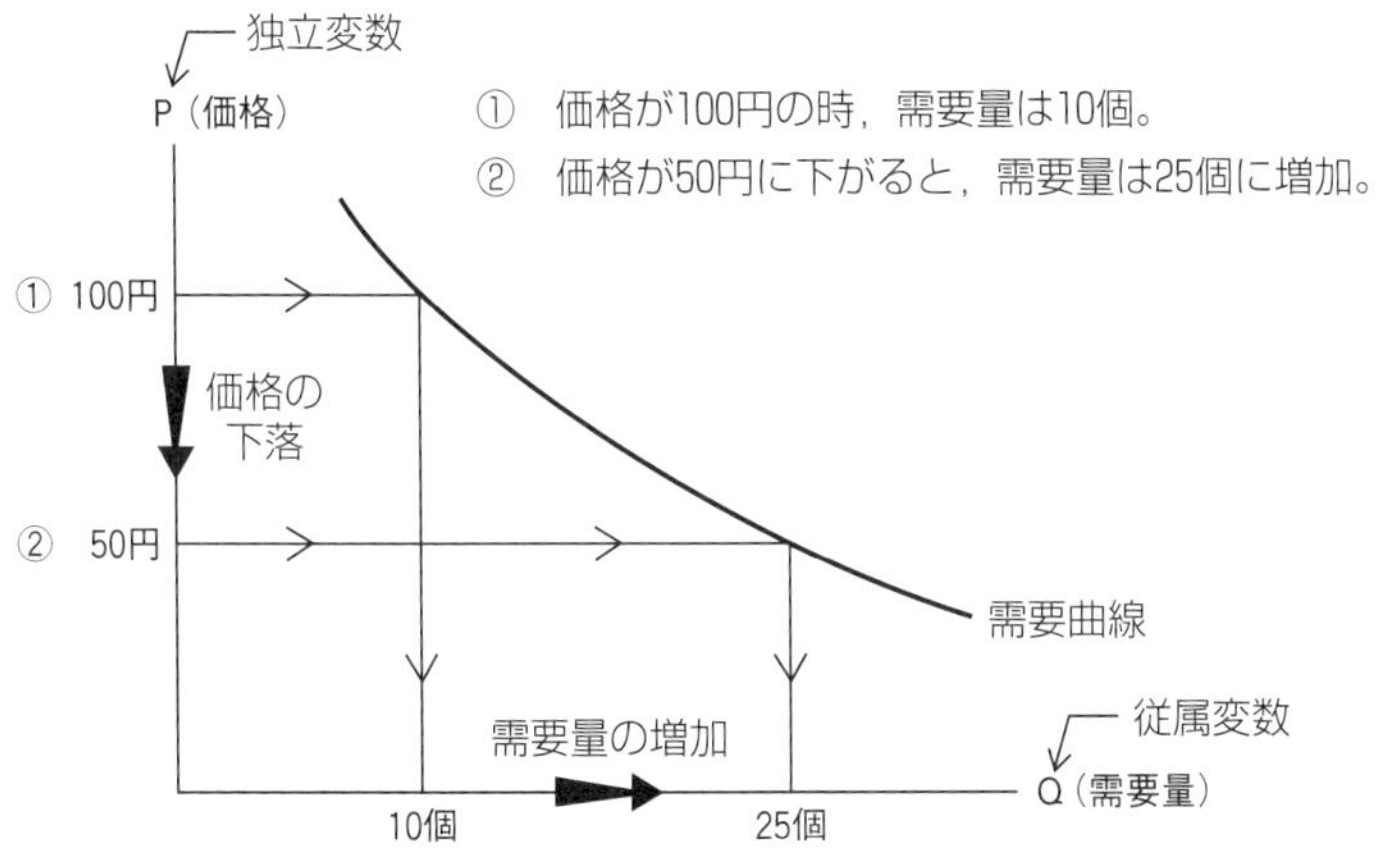

属変数と呼び、Xは独立変数だった。Xに独立した数字を入れて、Yが変化するわけだ。

だけど、需要と供給では価格（P）は従属変数ではなく、独立変数、つまり、Xなんだ。需要量（Q）が従属変数だから、普通のグラフの見方で話すとおかしなことになる。おかしなことっていうのは、需要曲線が右下がりにならないということ。右下がり需要曲線なのに、Qに数字を入れていくと、Qが増えるに従って、Pが下がるということになる。普通は、需要が増えたら価格は上がるんだよね。ここで悩んじゃう人も多いんだ。

でも、縦軸が独立変数だとわかれば何っていうことはない。図ー①を見てほしい。Pが100円から50円に下がれば、もっと買いたくなるし、いままで買えなかった人も顧客になる。だから、Qが10個から25個に増える。需要量は、価格の関数、つまり、Q＝f(P)ということだ。単純な方程式で書けば、Q＝－P＋Zというような関係になる。ここでZは、その他の要因

図ー②

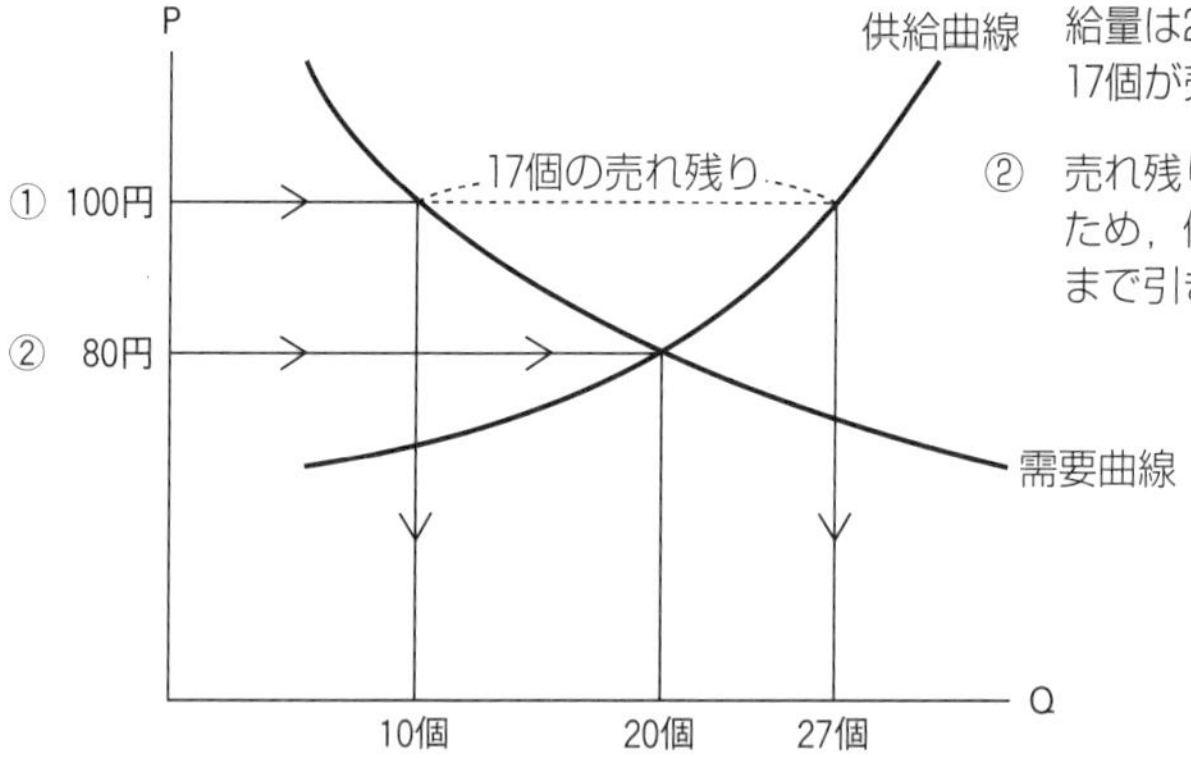

① 価格が100円の時，需要量は10個で供給量は27個となり，17個が売れ残る。

② 売れ残りをなくすため，価格を80円まで引き下げる。

である。価格の前にはマイナスがついているけど、これは価格が上昇すると需要量が減るという意味。つまり反対方向を示している。その他の要因というのは、需要量に影響を及ぼすすべての要因。人口だとか、所得だとか、嗜好といったものをすべて含んでいる。その他の要因が変化すれば、もちろん、需要量は増えたり減ったりする。

お茶から健康を害する物質が検出されたという情報が入れば、価格に変化がなくとも、その他の要因、つまり健康を害する可能性が増加して、お茶の需要量を減らす。価格は同じでも、その他の条件で需要量は変わるわけだ。

供給曲線も同じ。こちらは右上がりの供給曲線。Pが上昇するとQを増やそうとする。なぜなら、販売価格が高ければ、たくさん作ることで儲けが出るし、安い価格では採算が取れなかったような限界的な企業も生産を始める。これで価格の上昇が供給量の増加につながるわけ。今度は、価格と供給量が同じ方向に動く。

図ー③

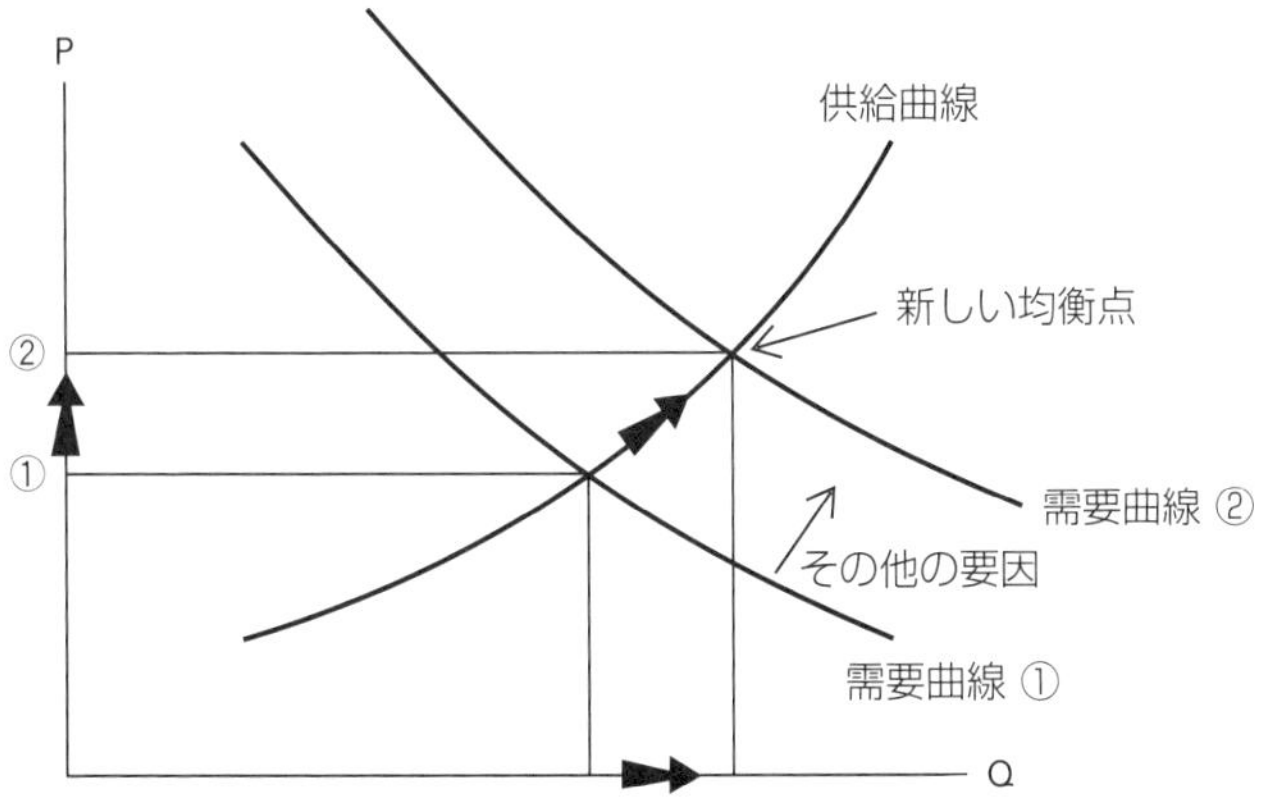

その他の要因は、材料費が安くなったり、技術革新が起こったり、企業数が増加したりとさまざまなことが関係する。

この需要曲線と供給曲線が1つのグラフの中で描かれると、図ー②のようにバッテンのようになり、その交点が均衡価格の80円というわけだ。均衡価格より高い100円だと購入される量が10個と少なく、生産・販売される量は27個と多いので、この差17個が売れ残り、在庫の増加となる。それで価格を下げようとする。反対に均衡価格より低い価格だと、買いたい人は多いのに売りたい人が少ないので品不足になり、価格上昇の圧力となる、というわけだ。

一般に需要が増えたら価格が上昇するという関係は、その他の要因が変化して、図ー③のように需要曲線がシフトし、供給曲線との交点が変わることを示しているんだ。同じことだけど、供給が増えれば価格が下がるというのも、その他の要因。

因果関係と実証分析

「でも、こういう需要曲線を証明できますか」

需要曲線が右下がりになる実証だ。

「できそうです。たとえば、同じ製品の価格を変えて、売ってみるとか」

「そうですね。でも、同じ製品を同じ場所で買う人は違う人ですよね。さっき話したように、嗜好や所得、家族構成などが異なるかもしれませんよ」

「それでは、売る時期を変えて、同じ人に買ってもらったらどうでしょうか？」

「時期が変わると、今度は製品の相対的な価値が変わります」

「相対的な価値？」

「競争相手が同種の製品を安く販売しているとか、質の高い製品が登場するとか、購入する人の所得が変わるとか、アイスクリームなどは、気温が変われば売上が変化します。販売する企業が、広告宣伝をしているかもしれません」

「価格だけでなく、いろいろなものが変化してしまうということですね」

「そうです。実験室の中に、空気や水、チリなどが入ってきてしまい、本当に知りたいものが、どのように影響を受けるのかを知ることができないんですよ」

「でも、そうなるといつも社会は変化しているから、社会科学は厳密な証明ができないということになりますね」

「そうです。だから、関係をつかむことも、因果関係の説明も難しい」

「因果関係ですか」

「ええ、相関関係ではなく、因果関係です。アイスクリームの売上が気温に関係するという場合、普通に考えれば気温が原因で、アイスクリームの売上は結果ですね。でも、相関関係と因果関係は別ですよね。気温が上昇すると景気が良くなるという仮説を立てたとしましょう。過去のデータを調べてみたら、正の相関関係があることがわかった。この仮説は証明されたんです」

「えっ、本当ですか？」

「嘘ですよ、もちろん。因果関係が逆ですよね。景気が良くなると、工場の操業度が上昇し、二酸化炭素の排出の増加や、エネルギーの使用で気温が上昇するという方が正しそうでしょう」

「そういうことですね」

「もっとも、農業生産が中心の国では、天候が作物の収穫に影響を及ぼしますから、あながちおかしな仮説とはいえませんがね」

なるほど。そうなると、因果関係はかなり微妙になるかも。仮説を構築するには、説得力のある説明が必要だ。

「もう1つ。たとえば、先にも出しましたが煙草の吸い過ぎは健康を害しますよね。肺癌の危険が高くなるとか」

「癌になる確率は計算されていますね」

「これらはデータを使って煙草と癌の関係を調査すれば理解できますね」

「はい」

「因果関係はどうでしょう。はっきりしていると考えられませんか？」

「煙草が原因で、癌になるということですね」

「そうです。癌が原因で煙草を吸うのは結果であるとは考えないでしょう」

「当たり前じゃないですか」

「でも、本当は、直接的な関係ではないかもしれない」

「どういうことですか？」

「喫煙者の多くがストレスを抱えていて、それが原因で癌になっているとすれば、癌の原因は煙草ではなくてストレスということですよ。ストレスを抱えている人の喫煙率が高かったのかもしれない」

「なるほど、そういうことですね」

「それでも、自然科学の方が、因果関係を推測しやすいかもしれません」

「経営学は難しいんですか？」

「たとえば、従業員の満足度が高い企業は、企業の業績が良いという関係を考えてください」

「従業員が満足して、働きがいがあれば、みんな一生懸命働くから、企業の業績が高くなるんでしょ」

「逆はどうですか？」

「企業の業績が高いと従業員が満足する。そうか、給与も高くなるし、解雇の不安も少ないでしょうね」

「因果関係を解明するのは結構大変なんです。戦略が組織を変えるともいえるし、組織が戦略を変えるという説明もできます。多角化が組織を変化させることもあるし、組織の変化が多角化を導くこともあります」

「因果関係は複雑ですね。でも関係だけわかればいいのでは？」

「関係だけがわかっても、原因がわからなければ意思決定できませんよ」

サスペンスだと、動機がわからないと解決しないよね。接点があることは確かなんだけど、動機が判明しないと、意味がわからない。単なる通り魔による犯行というのでは、事件を解決しても、面白くもない。当然、同様の事件が起きても、事件解決の参考にならない。通り魔というのは偶然だから、AとBは偶然、そういう関係になった、という結論ではね。

意思決定のための関係整理

「意思決定ができないということは、役に立たないということ？」

私も質問せずにはいられない。

「そうです。理論になりませんね。使い物にならない」

「それじゃあ、やっぱり経営学は使えないじゃないですか」

「いえ、変化するものと変化しないものを整理し、問題に応じて原因と結果を特定することが大事なんです」

「具体的にお願いします。もう少しわかりやすく」

松本君は、かなり真剣な顔でカメちゃんに向かっている。

「なんだか攻撃的ですね。先の価格と需要量の関係を思い出してください」

「あっ、すいません。ついついうちの上司を思い出して」

「出来の悪い上司なんですね。君が攻撃的になるような」

「そうなんです。あっ、先生のことではないんですが」

「まぁ深く考えるのはよしましょう」

「すみません」

松本君の上司は大変そうだ。

「さて、価格と需要量は、反対方向に動くのは理にかなっていますか？」

「はい、かなっていると思います。高ければ買わないでしょうから」

「そう。でも、実証するとなると難しかったわけだ」

「いろいろな条件が変化してしまうからですよね」

「そうです。だから、変化しては困るものを所与として考えるわけです。とりあえず、現在の気温を30度と一定にして、現在の教室内にいる人のみに価格アンケートをとるというような仮定をしてね」

「なるほど。所得も変化していないし、嗜好が一定のメンバーですね。新しい広告宣伝もしないわけですね」

「価格と需要量のみが変化して、その他は一定であるということを仮定すると、確かに価格が上昇すると需要量は減るということが明確になるでしょう」

「そうですね。説得力はあります」

「厳密な証明が難しくとも、問題を整理して、議論すべき内容や因果関係を明確にすることが必要なのです。その際、特に重要なのが前提条件を明確にすることです。前提条件が、説明しようとしている問題と乖離していたら意味がないでしょう。アイスクリームの価格と需要量の場合、気温を絶対零度とするとか、所得ゼロの世界なんていう前提はナンセンス。人が生きられませんから」

「正解はなくても、諸前提を整理して、それぞれに応じた解答を導くということでしょうか？」

「そういうことでしょう」

意思決定をするには、前提条件を整理して、何をすれば、どういう結果になるかを予測するわけだ。競争企業の行動を現在のままと仮定するとか、いろいろな前提条件を設けて、その中で経営者は意思決定をする。

生産計画は需要予測に始まる。今年の夏の自社のアイスクリーム売上を予想して、生産計画を立てる。このとき、価格は昨年と同じと仮定し、ライバル企業がヒット商品となるようなアイスクリームを出さないというような条件を設定して、気象庁の予報に耳を傾ける。平年並みであれば、売上予想に変化はないとか、1～2度高いという予想であれば、売上が何％上昇するとか、猛暑の予想であれば、氷菓子の売上が伸びるとか予想するわけだ。もちろん、問題によっては前提条件を変えて議論することになる。

つまり、こういう仮説や検証のプロセスで、私たちは論理的に事象を考察しているわけだ。論理的な考察は、情報伝達に際して説得力がある。説得力のない会話では、コミュニケーションができないから、組織としての力も発揮できないだろう。

「ところで先生、需要と供給は、経済学ですよね。経営学ではどのような問題があるのでしょう」

馬場さんは、予備校で経済学を教えていたから、興味があるんだろうな。私は、とりあえず、どっちでもいい。

「これもまた難しい。経済学部経営学科があるし、経営学部の中でも経済学を教えていますからね」

経済学と経営学はどこが違うか

「一般的に経済学と経営学を区別する方法ってないんですか？」

「そうだなぁ、市場における価格決定を需要と供給から説明するのは経済学だけど、経営学でも価格は重要だよね。でも視点は違うね。営利企業の場合には、価格をいくらにすれば一番利益が上がるかという具合に。価格の決定ではなく、利益の決定だね。需要量は、販売量だけど、これに価格を掛けると売上高でしょ。売上は、価格だけでなく、その他さまざまな要因で決まるよね。品質や店舗の広さや雰囲気、広告費などの他、気候や人口、所得、その他の要因を考える。経営学では、価格を決めることではなく、価格によって決まる売上や利益に関心があるんだよ。ある意味で逆転しているわけだね」

「問題意識が違うということですね」

「そうだね。経済学が市場における資源配分に関心があるとすれば、経営学は、まず資源を集める方法を検討しなくちゃいけない。もちろん、集めた資源は企業活動のために組織内に配分するわけだけど」

「市場の資源配分と、組織に資源を集めて、組織内に配分するという違いですか。何だか難しいですね」

「そう。非常に難しい。実際のところ私にもよくわからない」

「え〜。先生もわかっていないんですか？」

「問題意識が違うことは確かなんですが、経済学も経営学も、問題意識が変化している」

「問題意識が変化しているということは？」

「時代とともに学問の目的が変化するのは当然なんだよね。解くべき問題も、解き方、つまり方法論も変化したりするわけだね」

「でも、経済学部と経営学部は違うんですよね。授業の科目なんかが」

「そうなんだけど、結構、混在しているね。最近の傾向として」

利潤最大化を考える

「具体的に説明してもらえますか？　なんで混在しているのかとか、どこが違うのか」

「経営学は、目的を決めて、これを達成するための手段を考察するわけ。目的は、社会に貢献することですが、私企業では、社会貢献の大きさは、資源が集まるか否かで決まる。資源を集めることができる企業が優良企業。もちろん、目的に応じた資源だから、小さな市場で社会貢献する場合には、小さな資源で十分。資源を集めるには、利潤を高めることが必須なんだよね。小さな市場でも大きな市場でも、相対的に大きな利潤が必要なわけ。つまり、利潤率になるけど。そのため、利潤最大化を実現するための組織を作るわけだ。これは経営資源の配分を決めることでもあるんだ」

「利潤最大化ですか」

「そう。利己的な利潤を最大化するということを批判する学者も多いけど、利潤に対する認識の違いに問題がある。とりわけ、日本の経営学者は利潤が嫌いですね。経済学における利潤概念と経営学の利潤は少し違うようです。この件については、また後で説明しよう」

私は、先生が後で説明するということを信じていない。何しろ、忘れるのが得意だから。ここで聞いておかないと、しばらくチャンスがないように思える。みんなもそう思っているはず。

「先生、横道にそれる覚悟もできているんです。利潤最大化について説明してください」

私は、話にのめり込んでいた。院生諸氏のゼミにもかかわらず、図々しくも横道に先導しようなんて。

「僕も、ぜひ伺いたいです。ドラッカーは、利潤最大化より顧客の創造だっていうじゃないですか。ドラッカーを批判されるんでしょうか?」

「結構、挑戦的な質問だね。本岡君らしい」

「はい。『もしドラ』を読んで、どういうことなのか知りたかったんです」

「僕は、ドラッカーの研究者ではないからね。彼の著作は、斜め読みもしていない。有名な経営学者だけど、僕の専門は一応ファイナンス系ですからね。だから、ドラッカーの主張を批判したり、彼の解釈について触れない。それでもいいかい」

「ぜひ、お願いします」

本岡君は、結構、面白い人だ。意欲があるのかな？

「それでは利益の話、あるいは利潤の話をしましょう」

「利益と利潤に違いがあるんですね」

私は確認しないではいられなかった。言葉が大事だっていうから。

「ここでは、利益と利潤は、英語のprofitsで同じものを考えることにします。だけど、使う人によって、まったく違う意味になっちゃうね。会計学では、期間損益計算で計算される過去の一定期間の収益と費用の差額ですね。しかし、経済学では、期間概念があるようでないんだよ。そもそも、標準的な経済理論には時間概念がなくて、静学的な均衡という概念で議論される」

「先生、とても難しいんですが。もう少し理解できる言葉で説明してもらえないでしょうか」

小嶋さんも、身を乗り出して聞いている。

「会計学の利益は、過去の成果ということ。これはいいですね」

「はい。経済学は過去の成果ではないのですか？」

「過去とか現在という時間概念ではなく、選択の概念と考えるべきでしょう。経済学の費用概念は、機会費用ですから、意思決定の際に機会選択をするわけ。ある行動を選択することで、第2順位の行動を諦めなければならない。この第2順位の行動から得られる所得を失うわけだね。これを費用と考えるから、一番良い選択をしなさいということ。一番目と二番目に差があれば、利潤を手に入れることができる。もちろん、企業が生産活動をするときの原材料や労務費、その他さまざまな諸経費は、この機会費用で捉えているんだ。ある原材料を購入するのは、他の原材料に比較して、最も安いからでしょ。つまり、最も高い所得を得られるから」

「機会費用についてはわかるのですが、会計学とは異なるんですよね？」

私は、まだ違いが十分に理解できていない。

「資本主義経済は、私有財産制度に基づく社会だよね。説明したと思うけど」

「はい。そこは理解しています。機会費用に関係するんでしょうか？」

「うん。私有財産は、自分で自分の財産を守るということ。何を生産し、何を消費するかは自由に選択してかまわないけど、その責任は自分自身で負わねばならない。選択の自由だ」

選択の自由に自己責任か。

「生産者は、各自が自由に特化して、商品を生産する。この商品は、自分の消費のためではなく、ほとんどが他人の消費のために生産されるわけだね。この意味では、顧客がいなければ意味がない。顧客に購入してもらうことで、自分が欲する商品を購入できるわけです。自分の生産した商品と他人の生産した商品の交換だ。これが市場での売買」

物々交換のようだけど、貨幣経済では、この間に貨幣との交換があるということね。

「ここで、自分の商品の価格が他人の商品の価格より高ければ、利潤を手に入れることができる。しかし、逆の場合は損失だよね。交換をしようとしている双方は、自分の犠牲を最小化し、相手から受け取るリターンを最大化しようと考えるわけだ。これが利潤最大化」

問題の本質は単純そうだけど、利潤最大化を批判する理由は何だろう？

「どうでしょう。利潤の追求は悪いですか？　松本君はどう思う？」

「売買を通じて、利潤を獲得できないとどうなるんでしょうか？」

「質問したのに、質問？」

「すみません」

「自分が犠牲にしたもの、つまりコスト、費用ですね。費用の回収ができないということだよ。事前に選択した段階では、一番最高の成果を期待していたのに、結果は残念なことになった。10万円のコストをかけて生産した商品が10万円以下の商品との交換というのは、貨幣を媒介している貨幣経済では、10万円の商品が9万円とか8万円でしか売れないということでしょ。あなたは、損失を被ることになる。つまり、他人のために生産したが、他人がほしがらなかったために、自分の所得が減少するという選択の失敗」

「そうするとどうなるのでしょう？」

「最後は、その消費を作るのをやめるでしょう。作れば作るほど損失を被るわけですから。そして、別の生産をしなければならなくなる。交換を通じて利潤を獲得するのは大変なんだ。損をするような交換を誰も考えないでしょ。自己犠牲なんていうのは、責任の放棄なんだよ。みんなが儲かるような商品を作りたい、販売したいと考えて、自分の財産をしっかりと維持しようと努力する。きちんと機会を認識して、最高の機会を選択する努力が必要なんだ。会計上の利益があっても、選択すべき機会を選択していなければ損失なんだよ」

「会計上は利益が出ていても、損をしているということですか?」

「そう。たとえば、自分の土地に喫茶店を開店して、売上が3000万円あったとしよう。原価は500万円で、広告費やさまざまな諸経費とあなたの給与500万円を引いたら、600万円が残った。つまり会計上は利益が600万円、これってすごいでしょ」

「すごいです。利益率も高いし」

「だけど、喫茶店を開店する代わりに、この土地にマンションを建てると、1年に1000万円の収入があったとしたらどうだろう。しかも、喫茶店で仕事をしないで、サラリーマンをやって550万円稼げるとしたら」

「なるほど。それは損ですね」

「社会の中で自らの財産を守るということは、自分自身で機会をしっかりと認識して、選択をするという自己責任なんだね。もし、情報が完全で、スムーズに生産を変更できるような仕組みがあれば、そうした機会選択をしていても、利潤はゼロになるでしょう。儲かる商売が見つかれば、誰もが素早く参入して、生産を始める。逆に、誰もが損するとわかれば、速やかに撤退する。完全競争というような経済学の仮定が成立すれば、利潤はゼロになるわけだ。まじめに機会選択をしなければ財産は維持できない。こうした条件は、現実の世界にはないけど、理想的な実験室のようなモデルになる」

情報が完全で、参入と退出が自由に、しかもコストをかけずにできれば、利潤はゼロになるのか。

「このように考えると、利潤を獲得するというのは大変ですよね。にもかかわらず、そうした努力は、社会性がなく、利己の利益の追求でけしからんということになりますか？」

私が最初に答えたい、と思ったら、吉田さんがすぐに答えちゃった。

「社会性のない商品は、売れないんですよね。必要な商品で、魅力的な商品を生産するから利潤を獲得できるわけですね」

「そう。利潤追求は悪いとは思えないでしょう。問題を混乱させているのは違う所にある。もし努力なしに利潤を得られたらどうだい？」

「努力なしに利潤を稼げるのはすごいですね。それも賞賛されるのではないでしょうか？」

「努力なしに稼げますか？　天才のひらめきがあっても、これを商品化するにはそれ相当の努力が必要だよ。本人が努力などしていないと思っても、普通の人にはまねのできない努力をしているかもしれない。だけど、誰が考えても努力なしに不正に利潤を得ていたらどう？」

「不正とはどういうことでしょう？」

「情報が完全だと、不正はばれている。つまり、不正はありえない。だけど現実の世界は都合の悪い情報を隠蔽できるかもしれない。国産うなぎと称して、中国産のうなぎが入っていても、簡単にはわからない。こうして得た利潤はどうですか？」

「それは問題です。反社会的な行為だと思います」

「そうだよね。交換経済の否定につながる。売買にはルールがあり、お互いの手の内を見せるべきところは見せなければならない。卑怯な手を使って有利な交換ができたとしても、卑怯な手口がばれたら、売買という場から追い出されるでしょう」

「反社会的行為の利潤は、経済学でも否定しているわけですね」

「当然です。わざわざ、完全情報とかの前提条件を置いているのはそういう意味だよ」

みんな真剣。

「それでは、創意工夫が利潤をもたらしたら？　シュンペーターのいうイノベーションの利潤は？」

「まったく問題ないと思います。経済が発展するわけですよね」

「そうだよね。でも、この創意工夫の結果、創業者が500億円の所得を独り占めしたらどうだろう?」

「羨ましいだけですか? 創意工夫に価値を認めても、個人の所得で500億円は必要あるのかっていわれない?」

「先ほどの価値判断ですね」

「そう。500億円ならいいけど、1000億円だとダメとか、自家用ジェット機なんかは100年早いとか」

「やはり価値判断が入ると、社会的な問題になりそうですね」

「たとえ、1000億円の利潤が個人の財産となっても、必要な事業に再投資して、新しいビジネスを創造したり、貧しい人たちのために寄付したらどうだろう? これは利潤の使い道を問題にしていることになる。もし1000億円で贅沢三昧の生活をしていたら、利潤追求は最悪だと思われるかもしれない。反社会的だと」

「つまり利潤の問題ではないということですね。むしろ、利潤の使い方に問題があって、そのことを混同して議論していると」

「おそらく、そうした混乱や嫉妬もあるだろうね。利潤は、私有財産制度を維持するためには必要な目的であり、各自が自立した生産者になるための目標だよ。私たちの社会では、財産とは生産手段のこと。お金じゃない。貴金属でもない。もちろん、個人的にはお金や貴金属、不動産であっても、社会的な視点で見れば、生産手段を財産と考えているから、資本主義経済というわけだ」

資本主義の資本は、生産のための道具、つまり生産手段だったから、技術革新が進むと、生産手段も進歩する。そうすると、過去の生産手段と現在の生産手段の価値は違うだろうな。そうそう。カメちゃんの授業を思い出した。株式市場は、こうした生産手段の相対的な価値評価をする市場だって。

「利潤とは、私有財産の増加だ。生産手段だから、それは将来の顧客に必要な商品を生産するための準備でもある。準備している生産手段の価値は、最終的には将来の顧客が決めるわけ。しかし、将来の顧客は、現段階では自分の将来消費を決めていない。君たちは、10年後の生活を予想できないでしょ。だから、君たちに代わって、生産手段を評価して、これを準備する投資家の役割が必要になる。利潤を否定するということは、将来の顧客創造を否定することにもなるわけだ。ファイナンスを理解している人は、こうした社会観を形成していると思うよ」

「そうすると、利潤追求を反社会的だというのはナンセンスということですか？」

新聞記者としては、利潤追求の社会的イメージはあまり良くないから。

「どういう意味で利潤という言葉を使っているのか、どういう意味で反社会的という言葉を使うのか、両方が理解できないと、この議論を進めるのは難しいし、誤解を生むだろうね」

やっぱり言葉の定義なんですね。

「自分の責任で自分の財産を守るという仕組みは、結構うまく機能するんだよ。原発事故で、放射性物質が飛散して、農家の風評被害などがあったでしょう。当時の政府の対応は遅かった。測定をしているのかどうなのかもわからず、ただ、安全だ、ただちに健康を害することはない、という根拠のない説明ばかり。しかし、農家は自主的に測定し、自己負担で安心をアピール。素早い対応だった。もちろん、測定して放射性物質が検出されたら、売ることはできない。知らないで済むのであれば知りたくない。だけど、自らの財産を守るには、こうした情報開示が必要と考えたわけだ。放射性物質が検出されれば、賠償責任を追及し、賠償額も客観的に提示できる。津波の被害で壊滅状態になった製造業も、相互に協力し合い、下請けや部品会社を応援して、あっという間に生産を再開した。取引先の企業としては、他人事ではないわけだ。自分を守るためには、得意先企業の早期復興が必要条件だから」

私有財産制度と利潤追求は切っても切れない関係なんだ。やっぱり説明を聞いておいて良かった。経営学者が利潤最大化に反対するのは、不正や情報の不完全性による正義の問題、それに所得分配に関する価値判断があるのかもしれない。

利潤最大化と利害関係者の利益

「ドラッカーの話は、正直なところ専門家の話を聞いてね。斜め読みもしていないので、肯定も否定もしません。利潤最大化に関しては、こんなところでよろしいですか？　松田さんと本岡君？」

「ええ、大丈夫です」

私は即答。だけど、本岡君は、私より理解しているかもしれない。私は結構理解できた。

「ちょっと待ってください。まだわからないことがあるんで」

本岡君、どんな質問するの？　まだ疑問なのかな？

「うん。なんだい」

「顧客の問題と利潤の関係はわかったように思いますが、企業の目的に利潤最大化ではなくて、従業員の満足とか、ステークホルダー、つまり利害関係者の調整問題を取り上げる議論が多いと思うんです」

質問できるってことは、それだけ知識を持っている証拠なんだ。疑問を持たないようじゃ成長がない。成長するには、疑問を持つような勉強をしなきゃ。ん？　循環論かな？　大学院へ進学する目的は疑問を持てる人間になるということかも。集めた情報の処理に困っているというのは、疑問が持てないからかもしれない。疑問を持つことは、そうか、テーマの選択だ。

「認識する目的が違っているんですよ。認識目的が」

「認識ですか？」

「本岡君は、自分自身の問題として、何が一番大事ですか?」

「う~ん。急にいわれても」

「健康問題は?」

「具合の悪いところがないと、あまり気にしません。病気でもすると健康のありがたさを感じます」

「人間が生まれて、一生を終えるまで、健康に生活できることが一番だよね」

「そうかもしれません」

「病気にならないようにすること、予防医学も重要ですね」

「はい」

「だけど、健康なときには、あまり意識しない」

「ええ」

「本岡君の目的は何かって聞かれたら、若い人たちは健康な生活とはいわないでしょう」

「そうかもしれません」

「こういう仕事をやりたいとか、さまざまな将来のビジョンを語るかもしれない。友人や恋人との関係改善を考えているかもしれないよね」

「そうですね」

「健康の問題は重要だけど、ビジョンを語るときには健康問題には触れないかもしれない。

恋人の話をするときも同じ。つまり、議論する目的が違うんだよ。認識しようとする目的が。健康問題は、経済学的な収益と費用の問題。成長期に、どういう栄養が必要なのか。成熟したらどうなるのか、というときに、経済的な視点で分析し、健康状況を把握するけど、その時々に応じて、企業にはビジョンがあり、企業を取り巻く環境や利害関係者との関係を良好にしなければならない。利潤最大化とは、〝健康問題に最大の関心を払いましょう〟ということだけど、体の健康とは別の話もいつも考えなきゃ、生き甲斐がないでしょということだ」

「なるほど。よくわかりました。認識目的か」

資源配分と経営学

ただ、私は、もう1つ確認しておきたかった。

「先生、念のためなんですが、資源の配分っていうのは、どういうことですか？」

「念のため？」

「え～と。何となくボ～っとしか理解していないので」

「私も、お願いします。資源配分っていうのはよく使われますが、常套句みたいで、その意味がわかっているようでよくわからないんです」

吉田さんも同じように感じているんだ。資源配分という一言で片付けられるけど、その本当の意味がわかっていないように感じている。

「人間の社会は、1人1人が孤立して生産活動をするわけではないでしょ。人間が力を発揮できるのは、協力し合うこと。つまり、組織を作るということなんだね。市場経済も、原始的な社会も、社会は、大きな組織によって成り立っているわけだ。自給自足でない限り」

「社会っていうと日本という組織ですか？」

「そのように考えていいでしょう。日本全体が1つの組織として生産活動を営んでいる。この組織を構成する最小の単位は個人だけど、個人が集合して株式会社のような企業を作る。企業という1つの生産単位を作るわけだ」

「日本中の企業は、1つの大きな日本社会という組織のサブ組織ということですか？」

「そんな理解でいいでしょう。企業は、いろいろな生産活動をするけど、最終的には私たち1人1人の消費活動に貢献しなくちゃいけない。消費活動は、衣食住など多種多様だから、生産活動も多岐にわたる。分業をしているわけだね」

「もうわかりました。分業している各企業に資源を配分するということですね」

「そう。人々が欲しがる財やサービスを生産するために、人や自然資源などを振り分ける。人々が必要としている生産活動に希少な資源を回すことは大事でしょ」

「それでは経営資源というと？」

「社会が企業に資源配分をするのは、その企業が必要な財やサービスを提供するからだよね。

企業の生産活動は、社会から配分された資源を企業の各部署に配分することになる。従業員が利用できる機械や備品、これまで蓄積してきた技術や情報などを使って、商品を生産して販売する活動。つまり、人やモノ、情報などの資源をうまく結合して、無駄のない生産活動をしようとしているわけだ。結合方法を間違うと非効率な生産活動になり、無駄が生じる。時間がかかりすぎたり、余計な材料や燃料を使ったりということだね」

「なるほど。社会全体の資源配分と同時に各企業の中でも資源配分が行われているわけですね。」

「そう。生産活動は分業して行われるので、資源配分というのは資源の交換取引。私たちの社会では、企業と企業、企業と消費者の間の交換取引は市場における売買取引になる。他方、企業内の資源配分は、経営者が意思決定して決めるんだ。伝統的な経済学では、この市場における資源配分が中心的なテーマだった。市場万能主義なんていうときには、何もしないで市場に委ねれば資源は最適に配分されると考えるわけ。だけど、実際には経営学が成立するように、資源配分は人間の意思決定に委ねる部分が多くなっている。権限と責任によって資源の交換取引を行うわけだね。規模が大きくなると経営者の決める資源配分の大きさも大きくなる」

「そうですね。1人で経営している企業は、使用している機械も小さいし、従業員もいなかったり。でも、トヨタやパナソニックなどの大きな会社になると従業員数や工場、店舗もたくさんありますから」

「その通り。では、どんどん企業の規模が大きくなったらどうなると思う？　松本君」

「僕ですか？　そうですね。日本の自動車会社が1社になったり、家電メーカーも1社になりますね」

「もっと大きくなると？」

「世界で1社ということですか？」

「いえ、その前に一国で自動車も家電も、住宅も、衣食住から何から何まで生産して販売する会社を想定できるでしょう」

「そんな会社ありませんよ」

「よく考えてみな。製鉄会社も、電力会社も、農業も漁業も、全部を抱える会社だよ」

「う～ん。そんな会社があったかな」

「会社と考えなくてもいいんだよ」

「あっ、わかった。わかりました。社会主義国家ですね」

「そう。社会主義国家は、基本的にすべての財やサービスの生産を国家が計画と管理しているわけだ」

「社会主義国は、1社独占ということですね」

「だから、市場は存在しない。経営者の代わりに政治家や役人が意思決定して、何を、誰のために、どれだけ、どのような方法で、いくらで生産して供給するかを決めることになる」

「それって、経営者の意思決定と同じですね」

「そうでしょ。そうなると、社会主義国家の資源配分問題は、経営学と同じになってしまう」

「なるほど。そう考えると経済学と経営学の違いは難しいかもしれませんね」

「そうなんだよね。市場を利用した資源配分と企業の組織内の資源配分の比較検討なども研究対象になるので、こうなると明確な区別は難しい。計画経済と市場経済というのは、社会主義と資本主義の違いで、西側の経済学は市場経済だけを研究テーマにしていればよかった。だけど、一方で成長して企業の規模が大きくなり、小さな国家財政より大きな会社が誕生する時代でしょ。研究目的や研究対象が、両学問で近づいているんだよ」

「違った関心からスタートした学問が、いつの間にか同じ関心領域だったということでしょうか?」

「まっ、そうかな。アダムスミスだって、市場の分業を説明するのに、ピン工場の分業で説明したでしょ。組織内の分業がうまくいけば、企業の生産性は上昇する。でも、企業と企業をつなぐ市場取引がうまく機能しなければ、産業としての生産性は上昇しない。企業と市場は、分業に関して相互補完的な関係なんだね」

「企業の経営がうまくいっても、市場の価格機構がうまくいかなければダメだっていうことですね」

「その通り。市場の取引が円滑に行われるための制度設計は、企業の経営をバックアップしているんだよ。この辺りは、簡単に模倣できるわけではないんだ。生産技術を模倣するのとは違ってね」

「先生が悩む理由がわかります」

「僕の悩みをわかるってことは、君も悩んでいるということだね」

「えっ、そうなりますか。そうですよね」

私は、ちょっとうなずいた。

「経済学の関心が、希少な資源の配分で、経営学は、資源を集めて、集めた資源を社内に配分するという説明では不十分なんですね。先生も経済学と経営学をはっきりと区別できないということですね」

馬場さんは、確認するように念を押す。

学派で使う言葉が違う

「よく知られているイノベーションは、有名な経済学者シュンペーターの言葉でしょ。この言葉は、最近では経営学者の方が使うかもしれないね。人間に関する仮定も、経済学だから合理的経済人を仮定するということではない。行動経済学など、多様なモデルが構築されていて、テーマによっては限定合理性を仮定したり、不合理な人間を仮定することもあるわけだから、経済学と経営学の区別はますます難しくなっている」

イノベーションは、経営者もよく使う言葉になってきたから。それに投資家行動に対する心理学的アプローチもあったように思う。

「そういうことで、正直なところ、経済学と経営学の区別は難しい。あえて区別するとなれば、企業に視点を置いた議論が経営学、企業も他の経済主体と同じく第三者の視点から見るのが経済学ということかもしれない。経済学では、経済主体としては、企業と家計が代表。これに政府等を加える。これらの経済主体を同時に見ようとするけど、経営学では企業から家計や政府を見る。もちろん、政府の経営を議論する場合には政府から企業と家計を見る。誰の目から見ようとするのか、ということが関心テーマを変えるんだと思う。だから、専門用語にも違いが生じるんだろうね」

「専門用語が異なるということは、やはり違う領域なんですよね」

「違った道を歩きながら、だんだんと同じ道に合流しているように思える。随分と混乱させてしまったけど、現段階で経営学という学問はどのような学問だと思うかい？」

「正直なところ混乱しています。先生自身が困っているようだし」

「松田さんのイメージでかまわないから。私の話を聞かなかったことにして」

「聞かなかったこと？　それじゃあ、え〜と、会社を経営するのに必要な学問かな？」

「会社って何だい？　経営するっていうのは？」

「あっ、会社になっているとは限らないんだ。個人企業もあるし、営利目的の企業とも限らないですね。学校や医療組織などの法人やＮＰＯも経営学の対象ですね。国家もそうでした」

「そうだよね。それで、経営ってなんなんですかね？　経営がわからないのに経営学を云々することはできないよね」

「先生、結構ややこしいですね。これに答えられないと先に進めないんですか？」

「ちょっと意地悪だったかな。私も答えられないのに。でも、社会科学の問題は、その辺りにもあるんだよ。経済学では、長い間、経済学とは何かを確認することに費やしている。研究者のそれぞれが研究目的や研究対象が異なると、それぞれに異なる学問があるからだね。古典派や新古典派経済学とかケインズ経済学、あるいはマルクス経済学などがあるでしょう。何々学派とかいうのは、そうした学問の違いを表しているんだ」

「学問の違いですか？」

「そう。何を対象として、何を解明し、論じようとしているのかって」

「ということは、経営学も何とか学派とかあるんですね。経営学部の授業って、いろいろな科目があったし、対象も違っていたように思うから」

「そうだね。経営学は若い学問だけど、一応、学説史はある。テイラーの科学的管理法やファヨールの管理過程論、ホーソン実験を契機としたメイヨーやレスリスバーガー等による人間関係論、バーナードの組織論など、多様な経営理論がある」

「ホーソン実験が人間関係論のきっかけとなったわけですね」

「そうだね。人間を扱う社会科学は、議論する目的によっては、合理的な経済人としての側面だけではいけないということだ」

「自然科学とは実験の対象が違いますね」

「この他にも、ドイツの経営経済学とアメリカの管理論というような学問の性格が異なる潮流も見られたね。時代の要請がたくさんの経営学を生み出していると考えるべきかもしれないね」

「ドイツとアメリカですか」

「お国柄が出ているということだね。ドイツの経営経済学は、そもそも経営経済学とは何かというような問題提起に始まり、まず学問の出発時点で相当の議論をする。企業の構造や機能の法則性を経済学と会計学を統合するような観点で研究するんだけど、哲学的な方法論争や費用論争など、抽象的な性格が強くて、なかなか実務家には歯が立たない。大事な議論なんだけど、実務と理論の架橋がうまくいっていたとは思えない」

「ドイツのお国柄なんですか」

「理論的な議論が好きなんだね」

「アメリカは？」

「アメリカの管理論は、現実主義者というか、実務に役立たなければ意味がないと考えている。だから、方法論争なんていうのは後回しで、問題を解決する技法が中心になる。きわめて実践的な性格の学問となっている」

「ふ〜ん。お国柄か。日本はどうなんですか？」

「日本的な性格かな、いずれも混ぜこぜにしちゃう。得意の折衷論」

「節操がないみたいですね」

「その他には、どのような学派があるんですか？」

「いろいろあるけど、経営学が細分化すると、1つの分野でも学派が生まれる。たとえば、経営戦略という研究領域は比較的新しいんだけど、学説はいくつもある。当初の戦略論は、組織目標に向けた計画策定だった。これは経営のトップが決めるものだけど、現場のメンバーが相互にやり取りする中で事後的に決まるという創発戦略学派や、利益を獲得できる有利なポジション領域を探索するのが戦略であると考える学派、他社から購入できない経営資源を競争力の源泉と考えるリソース・ベースト・ビュー、それに競争相手などの行動を分析するゲーム論的な戦略論等がある」

「経営戦略論の講義って、そういう内容でしたか？」

「君が受講した講義の内容については知りません。先生は誰だった？」

「名前は覚えていません。何か太ったおじさんでした」

「ふ〜ん。いずれにしても、問題にするテーマやアプローチの違いでいろいろな性格の学問になるんだよ。それだけ、たくさんの〝学〟があるということだ。文科省による検定みたいなものがないから、教科書がたくさんあるってことだね」

お仕事の研究

「先生、言葉が難しくなっています。結局、経営学をどのようにイメージしたらいいんでしょう」

「簡単にいえば、仕事を研究対象にする学問ということでどうでしょう」

「どうでしょうって、でも仕事ですか？」

「そう、仕事。ビジネスだよ。営利や非営利に限らず、私たちは、消費活動以外は生産活動に従事しているでしょ。消費活動に余暇や睡眠時間などを含めると、人間は仕事をして、この成果で生きていることになる」

「仕事の学問ですか」

「うん、仕事を学問の対象にしているんだ」

「そうなると、確かに知っておくべきという感じになります。仕事を上手にするための学問ですね」

「そうなんだけど、上手にするだけではダメなんだ」

「やっぱりですか。また元に戻っちゃう感じですね」

「仕事をする以上、いつでも問題はあるわけ。経営学は、仕事を見つけ出し、その仕事を効率的に達成させる手段を考える。どんなに効率的な職場でも、問題がなくなることはない。問題がなくなった仕事は、将来のない仕事だから」

「問題のない仕事が将来のない仕事?」

「そうだよ。もう発展しないルーチン化した仕事。誰もが、当たり前のように行う仕事は、思考がストップしている。考えなくなった仕事は、効率的な仕事だけど、発展はしないんだ。機械に置き換えられたりするかもしれないね」

「問題のない仕事は、新しい仕事ではないわけですね」

「そう。成熟した仕事だ。今日、大学まで、道順を考えた人はいるかい? まさか、もう考えなくても自然と足が動くでしょう。思考はストップしている。でも、本当は、もっと近道があるのかもしれない。思考がストップすると、改善策もないわけだ。つまり、誰もが問題を発見しなければ、効率的だけど、新しい製品やサービスは生まれない。その仕事をマスターしても、ビジネスの成功といえる?」

「成功とはいえないかもしれませんね。儲かりそうもないし」

「そう。問題を発見し尽くすということは、そのプロセスで価格競争が行われる。価格競争の行き着く先は消耗戦。儲かりませんし、疲弊しちゃう。仕事の方法をいくら学んでも、成功するとは限らない。こういうことなんだね」

「先生、そうなると経済学と経営学は、同じですか？　話を戻しちゃうんですが」

「カリキュラムを見ると、経営学には戦略論や組織論、生産管理や在庫管理、生産管理、購買管理、販売管理、マーケティング、ＨＲＭ（人的資源管理）や財務管理、コーポレートガバナンスなど、多様な研究領域があるよね。ここでは会計学も含めておく方が良いでしょうね。これらは、経済学とは異なるよね。企業を見る目的は、社会全体の資源配分ではないからね。やっぱり企業という組織から企業の外を眺め、外と内との比較をしようとしている。外の方が良ければ資源を受け取ることができないから。社会全体の資源配分を考察するときは、経済的な視点で見るけど、資源を利用する1つ1つの組織から見る視点も重要。だから、政府の政策決定者でも経営学的な考察が必要なときは経営学を学ぶ必要がある」

第8話 経営学は誰のものか？

それぞれに経営学

「もう7時ですか。そろそろお腹もすき始めましたね。場所を変えましょうか」

場所を変える？

「そうしましょう。空いている店を確認します」

馬場さんが携帯で電話をしている。これから飲みに行くんだ。カメちゃんは、昨日も飲んだじゃない。

「いつものところでいいですよね。中華で」

「また中華か。でもかまいません」

「また」って。大学院生と先生たちはいつも中華なのかな？　みんなパソコンやノートを鞄にしまい、机を直して教室を出た。中華か。昨日は寿司屋だったからね。社会人大学院は、教室での授業だけでなくてエンドレスということか。

中華のお店につくと、早速、乾杯。

「今日も疲れた。ビールが美味いね。教子、みんなに取材してみたら？」

「えっ、いいんですか？」

「取材ですか。どうぞ、どうぞ。いつもは、ここからゼミの続きだからね」

中倉さんが中華のメニューを見ながら応答した。

「それでは、お言葉に甘えて、早速なんですけど、みなさんはどうしてビジネススクールに通われているんですか？」

飲みながらだから、みんなリラックスしている感じ。

「じゃ、取材に応じましょうか」

最初に年長ということもあるのだろうか。中倉さん、お父さんみたいだけど。

「はい。お願いします」

「中倉健一です。よろしく、外資系のＩＴビジネスをやっている会社に勤めています。外資系について何かありましたら、ご相談ください。ところで、取材の前に松田さんは、家電メーカーに勤めていたんでしたね。現在は、東経新聞に転職したって。いままで新聞社の友人はいたかな？」

「社会部で記事を書いています」

「優秀なんですね」

「いえ、転職したばかりなんです。半年前までサニー電気に勤めていました」

「えっ。辞めちゃったんですか？　良い会社なのにもったいないな」

辞めた会社だけどちょっと嬉しいな。私の会社じゃないし、勤めていただけだけど。自分の会社っていうイメージを持って働いていた。でも、間違いなく株主の会社。私は顔を見たことがないけど、街ですれ違っている可能性はある。たくさんの人が株主だから。だけど、株主のほとんどは自分の会社とは思っていないんだよね。創業家の誰かさんみたいに、会社のお金をカジノで使っちゃうような株主はいない。会社は公器であって、会社の資産を個人的に使うことなんて許されない。

「でも転職しちゃったんで」

「僕には松田さんが転職した理由の方に興味があるな」

「ええ。でも今日は私の取材ということで」

私は、自分のことを説明できるだろうか。他人の考えや行動を知ることは、自分を見つめ直すことにもなるかもしれない。

「それで、ビジネススクールに通う理由ですよね」

ジーンズをはいた小嶋さん。中倉さんより先に話したいみたい。

「すみません。ゼミの飲み会までお邪魔してしまって。今日は、社会人大学院について伺いたくて。社会人の方が経営の勉強をする意味などを取材させてもらいたいんです」

「遠慮しなくても大丈夫。小嶋です。小嶋ゆみ。キャリア関係のコンサル会社に勤めています。同じ女性として何でも聞いてください。女性にしかわからないことってたくさんあるから」

「よろしくお願いします」

コンサル会社か、なんかすごいな。生き生きしてるし。でも、イメージとぴったりかな。

小嶋さんは隣のテーブルにも聞こえるくらいの声で話し始めた。

「私はキャビンアテンダント、つまりCAだったんですけど、キャリア関係のコンサル会社に転職して、現在大学などで就職支援のお手伝いをしています。CAのときは、会社が研修をしてくれるし、自分の仕事は明確なんです。乗客に対するサービス、ホスピタリティ・サービスの実践の場です。もちろん、安全に配慮し、お客様の生命を預かっておりますから、何らかの事故や緊急時のための訓練などもしています」

「CAだったんですか」

「ところが、転職しましたでしょ。学生に対する就職支援。自分の仕事だけでなく、仕事一般について考えなくてはならなくなりました。どのような会社があって、社会はどのように動いているかを理解しておかないとキャリアについてとか、就職についてのアドバイスができないと思って」

「私も就職活動では、随分勉強しました。志望する会社のそれぞれについて、事前に情報を集めて、自分に合っているかを調べたりして」

私は家電メーカーに就職した頃を思い出していた。

「そうなんです。学生は、自分の受ける会社だけですが、私は多くの学生が受ける不特定多数の会社について分析できないといけないって思ったわけです」

「それって大変ですよね」

「だから、どうしようもなくなってパニック状態に陥っちゃいました。自分では解決できないことを知って、そうだ！って考えたのが大学院なんです」

「それでどうですか？」

「いまは学生が関心を持つ会社について分析したり、情報を集める必要はないと感じています。そんなことは無理だし、間違ったアドバイスを与える可能性がある。むしろ、自分のスタンスで学生にアドバイスをしようと考えています。そのために勉強しています」

「そうですか。小嶋さんのスタンスで」

「えぇ、でも、まだつかんでいないんですよ。自分の役割を見つけられるように模索中です。入学前とはまったく違うレベルですが」

「どのように違うんでしょうか？」

「社会に対する見方が変わっています。視野も広がっていると思います。現在進行形ですが、毎日のようにアドバイスが進歩しているんです。自分のアドバイスに自分自身が驚いていいます」

小嶋さんの進歩ってなんだろう。たぶん、これを言葉で表現するのは難しいんだろうな。

「そうですか。ありがとうございます。参考になりました」

先生を見ると、もうビールが空になっている。

「次は、僕がお話しします。松本信二です。よろしくお願いします。製薬会社におります」

照れくさそうだ。年齢が近い異性だからかな？　でも、私に異性を感じるかな？　意識過剰？　私は、自分では大和撫子っていう感じでいたい。サッカーの「なでしこジャパン」とまではいかないけど。

「僕は薬の開発なんですよ。中堅の製薬会社で」

「研究開発をされているんですか」

「ええ、ですから、経営学的な知識なんてなくて、開発しかしていないと世界は狭いんです。同じ仲間としか話さないし、自分の会社のこともよくわからないままですから。ニュースで会社が倒産したとか、会社の合併なんかを聞くと、どこか違う世界の話のように感じていたんです。でも、製薬会社のM＆Aが急激に増えてきたんですよ。ここ最近になって」

「そうですね。海外の製薬会社を買収したり、そんな記事も紙面を賑わせています」

「ええ、それで自分でも会社とは何か、自分の会社を客観的に見ておきたい、理解しておきたいと思うようになりました。薬を開発する自分の仕事の価値も知りたいと」

「それで大学院では何を勉強されているんでしょうか」

「もちろん、いろいろな科目を履修して、経営学の基礎知識を学びましたが、いまはM&Aのこともあるし、製薬会社の価値についてファイナンスからアプローチしています」

松本君は、自分の会社を知りたいんだ。会社の価値を。

「中倉さんは？」

「私は外資系でしょう。出世するには、結構MBAがものをいうんですね。葵の御紋みたいに」

「水戸黄門ですね」

「そうです。でも、私は葵の御紋が目的ではありません。少し違う目的があって、チャレンジしてみようと思ったわけです。年齢的にはすこし遅かったけど、偶然、大学時代の同級生もいました」

「海外は考えませんでした？」

「仕事では英語を使っていますから、海外のMBAも選択肢にはなるんでしょうが、これはかなり大変なハードルです」

「難しいということですか？」

「生活設計がね。仕事を継続しながらは無理ですね。海外に家族で行くのも大変です。仕事を辞めて、家族を連れて行くか、単身で海外暮らしをするかっていう選択ですね」

「なるほど、そうなると大変ですね」

「そう。しかも会社を辞めて、この歳になると日本での再就職は難しい。仕事をしながらであれば、現在の所得を受け取れる。これを諦めて、さらに外国の大学に授業料等を支払うことになると、失うものが多すぎます。機会費用を考えると、日本のMBAということになったんです」

「機会費用、そうですね。海外留学を選択することで諦めなければならないもの」

「大きいでしょう。授業料を考えると数千万は確実。しかも、帰ってきても、何の保障もないんです。歳も歳だからね」

中倉さんの給与って高いんだ。外資系の給与は高いって聞いたけど。失うものが大きい人は、現在の生活を捨てられないだろうな。高給取りになると、危険を冒して脱サラするとか起業する人が少ないのは当然だ。

「機会費用は、亀川先生の授業で習ったんですよ。僕は理系だったから、こうした概念が新鮮で」

松本君も嬉しそうに話した。機会費用の説明を林さんにしたりして、ビールを飲むピッチが速くなってきた。林さんと松本君のやり取りは、意外に面白い。

だけど…

「続けていいかな?」

そうそう、中倉さんの話の途中だった。

「すみません。お願いします」

「うん。それに大学院は、ネットワークが重要でしょう。修了後も続くような。私の場合には、海外を基盤とする活動も多いので、海外留学は魅力ではあったんです。ITとは異なる業種の外国人との付き合いも重要だし、いつビジネスにつながるかわからないから。だけど、ネットの世界での付き合いが継続できたとしても、やはり距離という物理的な制約があると簡単には会えないし、数年もすれば疎遠になるようで。国内MBAの方が、いつまでも付き合いが続く。実際に、修了生たちは、いまでも結構頻繁に会って、いろいろとやっているようです」

中倉さんが話を戻した。

「ネットワークか。やはりかなり重要な要素なんですね。ところで、海外留学の機会費用が大きいのは理解できたんですが、国内でも海外の大学がありますよね。国内で海外の大学院というのはどうでしょうか？」

「松田さんは、英語に自信があるんでしょう」

「ある程度はありますが、まだまだと思っています。だから、語学力を伸ばしたいと思って、一石二鳥かなって」

「僕の場合は、英語はかなり自信があるんだけど、日本語で授業をする大学院を選んだんです。小嶋さんも、元CAですから、英語はかなりなもんですよ」

　中倉さんが小嶋さんの顔を見た。

「英語は日常会話程度ですが、多少の自信はありました。でも、経営学は、初めて学ぶでしょう。英語ができても、日常的なことから大学卒業レベルまでの英語力があるかと聞かれると、正直なところわからないんです。日本語でも同じかもしれませんが、しっかりと一番身近な言葉で経営学を学んで、自分のものになってから英語で理解した方が良いのではって考えたんです」

　なるほど、小嶋さんの話は理解できる。

「英語では理解できたつもりでも、本当は大事な部分を理解していないかも、という不安が少しだけ残っているんです」

　私は、つまらないところで引っかかるから、大事な部分というより話の筋道が理解できなくなっちゃう。

「しっかりと日本語で理解できていれば、私にとって英語にするのはあまり苦になりません。それでも、本当に重要な交渉は怖いですよ。Show the Flag みたいな誤解もあるし」

　そうだね。当時のアーミテージ国務長官の言葉は「日の丸を見せろ」と伝えられたんだけど、立教大学の鳥飼玖美子教授が、「立場を鮮明にしろ」という意味だと誤訳を指摘したんだ。国のトップが慣用句や単語を誤解して、国の運命を変えることもあるだろう。会社も、そういうリスクを考えると、高度に戦略的な交渉には、余程の英語力がないと。通訳の専門家が必要かもしれないし。

「高度な内容を理解するには高度な語学力が要求されるということですね。私はそこまで考えていなかったな、ありがとうございます」

「あっ、まだ僕の話は続くんですよ」

中倉さんが、また自分の話に戻そうとした。

「すみません。中倉さんの動機は葵の御紋ですよね」

「葵の御紋は、外資系の一般論です。私は、大卒でしたが、すでに外資系でもある程度の出世をしていましたから」

「そうなると、学位の取得ということ以外に？」

「そうですね。外資系の企業は、給与は高いけど、その分、ものすごく忙しいんです。自分が何だかわからなくなるほど。だから、早めに引退して、余生を悠々自適に生活したいというような人も多いんです」

「日本ではいつまでも働きたいっていう人が多いですよね」

「うん。そうかもしれません。私は、自分を見直したかった。あまりに日々の仕事に没頭していると、狭い世界にいること自体がわからなくなる。自分は何をしてきたのか、これから何をすべきなのかを選択するための視野を確保したかったんです」

「先ほどの先生の話にもありました」

「ところで、松田さんと私たちはゼミ仲間よね」

小嶋さんがちょっと大きな声でゼミ仲間を印象づけた。

「そうですか。何だか嬉しいですね」

「もうそっちのテーブルはいいんじゃない？」

馬場さんが、隣のテーブルから乗り出して来た。

「そうだね。そろそろバトンタッチしよう」

私は中倉さんの指示で、隣のテーブルに席を移すことにした。

「林春香です。中国の東北から来ました。中国では日系の自動車会社に勤めていましたが、今は介護ビジネスをしているんです。日本で。よろしく」

林さん、20代かな？　30代の初めかな。中国から留学する女性は多いのかな？

「よろしくお願いします。日本語、上手ですね。何年くらい勉強されたんですか？」

「中国の大学で日本語を専攻して、それで日系の自動車会社に就職できたんです。ちゃんと勉強したのは大学時代だけです」

「すごいですね。介護ビジネスでは、ケアをされているんですか？」

「いいえ、経営しています。大学院の1年のときに、独立して経営者になりました」

「えっ、すごい。よろしくお願いします」

林さん、若いのにすごい。外国で起業するなんて、本当にすごい。どうなっているの？留学生は、勉強だけでも大変なのに。社会人大学院っていうのは、私の世界とどこか違う。

「それで、林さんはなぜ日本のビジネススクールを選んだんですか？」

「大学で日本語を専攻したことと、日系企業に就職したからですが、そうなると日本でもっと勉強したくなったんです」

「それで会社を辞めて留学したんですか？」

「そうです。日系の会社にいても、やはり言葉の壁がありました。経営者と対等に話がしたいと考えて」

「なるほど。でもいまは起業家となって介護ビジネスですか」

「会社を起業するのは本当に大変でした。介護の仕事は、役所との関係がいろいろあって」

「そうですよね」

「だから、すごく勉強になったんです」

「苦労した分だけ学んだっていうことですね」

「はい。大学院では、みんなにいろいろと助けてもらいました」

林さんは、まさに実践で学んでいるんだ。日本の経営を日本の言葉で。

「林さん、ありがとうございました。本当にがんばり屋さんですね」

「はい。頑張っています」

このエネルギーが大切なんだろうな。経営は情熱だね。

本岡君がビールを注ぎに来た。

「本岡健太郎です。よろしくお願いします」

「よろしくお願いします」

本岡君は、30代だろう。いきなり名刺を差し出して、そのまま席に着いた。この人は取材協力なしかな？　と思ったら中倉さんが、

「本岡君は、アメリカでMBAを取得して、さらにここで修士を取ろうというわけだ。化粧品会社のマーケティングをしていたんだよね」

「ええ、でも、化粧品会社は辞めたんですよ。いまは金融のコンサル会社に勤めています」

ふ〜ん。イメージが違うな。私は名刺を見て会社名を確認した。外資系なのかな？

「どうして米国のMBAを取得しているのに、また日本のビジネススクールに通うんですか？」

私の質問に首をひねって、

「どうしてだろ。勉強が好きなのかな？　日本のビジネススクールに興味があったからかな？」

自分でもわからないんだ。そういうことはあると思う。でも授業料は高いし、時間も必要なんだけど。本岡君は、思い出したように、

「転職が契機かな。大きな意思決定をするときは不安になる。この不安を払拭するには、勉強が一番と思ったのかもしれない」

「なるほど。何となくわかります」

私も転職して大学院に興味がわいている。この理由も言葉にするのは難しい。

「そろそろ私の番でしょ。馬場晋一と申します。大手の予備校で講師をしていたんですが、この大学院を修了してから、予備校の経営陣にスカウトされました。いまは執行役として、いろいろな企画をしています」

「修了生なんですね」

「前期課程を修了して、現在は博士の学位取得を目指して後期課程に在籍しています」

「後期課程というのがあるんですか。博士ですか」

博士の学位か。博士っていうのはどういう人物なんだろう。

「中倉さんも後期課程で僕の先輩なんですよ」

「そうなんですか。なぜ進学されたんですか？　ＭＢＡではダメなんですか？」

博士の実態を観察したいかも。博士の学位を取得すると、いったいどうなるのかな？　研究者？　大学の教授？　カメちゃんは博士だっけ？

「ＭＢＡで2年間を過ごすと、勉強が面白くって。学部の学生時代には考えたこともないんですよ。勉強が楽しいなんて」

ビジネススクールデータ

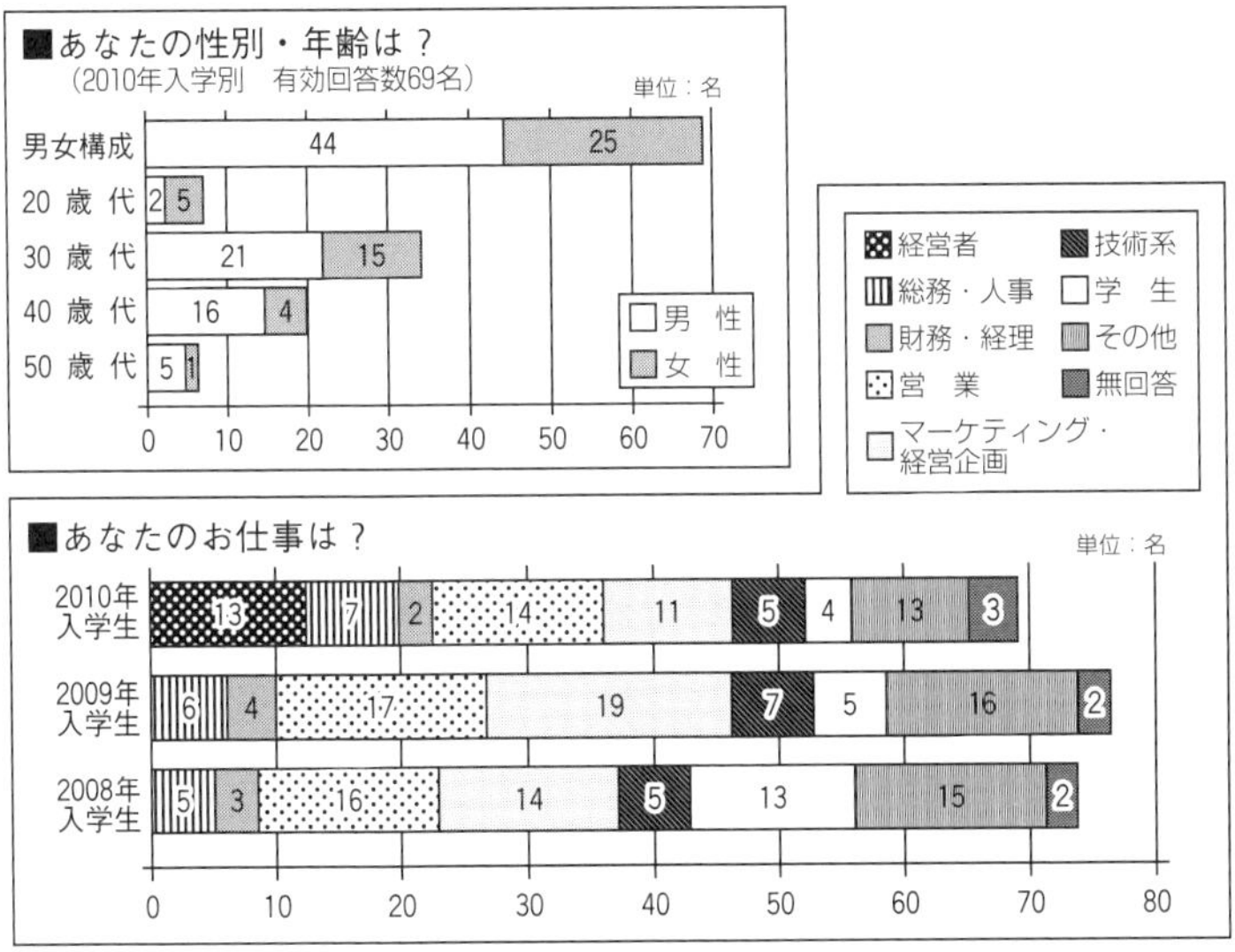

出所：立教大学大学院ビジネスデザイン研究科ホームページ。

「ＭＢＡに入学するときは、楽しむという発想はなかったんですか？」

「ありませんでした。私は、予備校に勤めていましたから、学歴社会の中にどっぷりと埋もれていたんです。学歴偏重の先兵というか」

「なるほど。予備校の先生をしていると、学歴にこだわらないほうがおかしいですよね」

「そうなんです。学歴がどれほどの意味を持つのかを薄々気がついているんだけど、こだわらずにはいられない」

「ＭＢＡの勉強で変わったんですか？」

「うん。論文を書くでしょ。それを先生がいじる。ここがおかしい。この意味は何だ。筋が通らないって」

「たしなめられるんですね」

「そう。これがたまらない。Mの気があったのかな。それでもっといじられたくなった。とにかく、面白くてたまらないんです、勉強が」

「研究者になるということですね」

「そういうことかもしれません。専門経営者として実務に携わりながら、研究をするのは最高です」

「後期課程に進学する人はどの程度ですか？」

「定員は5名です。MBAに比較すると本当に小さな場になります」

進学目的と違う進路に進んでいる。PDCAサイクルでは大きな変更だ。

「あの、よろしいですか？　吉田幸子です。社会福祉法人で介護ビジネスの責任者を任されています」

モデルのような女性。バリバリのビジネスパーソンっていう感じで介護ビジネスなんだ。

「責任者って、トップですか？」

「えぇ、この事業のトップになります。いくつもの事業を経営している会社の1つではありますが」

「すごいですね。お若いのに」

「いぇ、すごくはないんですよ。若くもありません。松田君と同じくらいだと思います。毎日、悩んでばっかり、右往左往しています」

やっぱり、私と同じくらいだ。だけど若くないっていうのはどういうことだ？　元の会社だと1つの事業を任されるのは40代の後半だったけど。新聞社も同じくらいだし。そういえば、ベンチャー企業の社長は20代だったりする。こんな世界があるんだ。

彼女は、自分自身の成長を確信しているようだ。経営の実務に悩みながら、大学院に通うんだから。

「吉田さんは、なぜビジネススクールに通っているんですか？」

「私たちの事業は、さまざまな規制にがんじがらめなんです。この規制は、新たな事業者の参入障壁であると同時に、私たちがビジネスとして発展させようとするときに足枷となります。規制があることで、経営能力のない事業者が生き残ります。高コスト体質である事業が退出せず、経営改善をして、コスト削減努力を惜しまない事業者の成長を阻害しています。行政とのやり取りで、いつも悩むのが、この規制なんです」

「規制を緩和せよと？」

「やみくもに規制緩和を叫んでも、私たちのような事業者には力がありません。ですから、規制の社会的、経済的意味を確認し、経営合理化の重要性を訴える説明力をつけたいというのが目的です」

合理的な説明力か。

最後は40代の良家の奥様みたいな人。

「山浦です。病院で企画を担当しています」

やっぱり病院なんだ。

「企画というと？」

「病院の経営です。新しい病院のあり方を提案する部署なんです」

こんなふうに自己紹介してもらうだけで、大学院に通うそれぞれの理由がわかる。みんな目的は異なるけど、経営学に対する情熱はすごい。こんな人たちと勉強するのも悪くない。経営学は、多様な目的を持って学ぶものなのかな。

ピピ、ピピ、ん？　誰かの携帯が鳴っている。私は何気なく時計を見た。もう10時近い。でも、社会人大学院の世界は、まだまだという感じ。

ＭＢＡが会社を滅ぼす

先生の方を見ると、老酒を飲んでいる。飲み過ぎじゃない？　この辺で、先生に質問しておこう。

「先生、話は変わるんですけど、ＭＢＡに否定的な見解もあるんですよね」

私は、ＭＢＡに進学するか否かを考えているんだ。

「社会人としての経験が浅いと、経営学の意義がわからない。問題意識がないからね。教子は、卒業して就職したときと、いまを比較してごらん」

「そうですね。経営学部を卒業して、経営学を学ぶと仕事はうまくいくと考えていました」

「それで、うまくいったの？」

「うまくいっていれば、進学を考えないですよ」

「でも、また経営学を勉強しようとしている」

「はい。でも、先生の講演や大学院のゼミで学ぶと、経営学を単純なハウツーとして捉えるのが間違いだって思いました」

「そうでしょう。ハウツーでうまくいくなら、簡単だよね。ハウツーものの本は腐るほどある」

「進学しなくても、自分でも読めますから」

「そう。ＭＢＡを否定的に考えるというのは、ハウツー的な実務上のテクニックを学んで、これが理論なんだ、正しいんだ、と叫ぶ愚か者がいるからです」

「きちんと学んでいないということですね」

「そうだね。資格のように考えて、経営専門家の免許を取得したと勘違いしている」

「経営の専門家になったつもりっていうことですね」

「自分が専門家だと思って、難問を解決できると思い込んでいる」

「ＭＢＡを修了しても、経営の専門家にはなれないということですか？」

「経営の問題は、いつでも素人でなきゃいけないね。常に新しい問題に直面するわけだから、正解はない。過去に類似の問題があっても、いつも新しいんだ。だから、自分は正解を教えることができるとか、自分のやることは正解だと信じているのは、経営学を知らない証拠」

「そういう人はＭＢＡを間違って理解しているんですね」

「うん。そんな人材を育成するビジネススクールは意味がないね。いや、社会にとってはマイナスですらある。危険だから」

「そうですね」

「経営学は、人間の意思決定を扱う社会科学でしょ。１つの正解はない。理論はいくつもの条件設定から構築されていることを知れば、単純な解はないわけだ」

「自然科学のように法則を振り回せない。探偵ガリレオのようにはいかないわけですね」

「とくに、ＭＢＡではファイナンスを必須とするわけだけど、机上の数字だけで議論をするのは危険。投資決定論などは、将来キャッシュフローと割引率で計算するけど、シグマや確率変数などを使い、最先端の金融工学モデルを使用することで、高度な科学的分析のように見えてくる。でも、モデルが高度でも、実際に代入すべき数字は、人間の意思決定が関わり、従業員の思いや組織設計などによって違った数字になる。将来のキャッシュフローは、そもそも売上の予想でしょ。確実じゃないけど、確率変数として捉えるにしても、どんなリーダーがいて、従業員とリーダーはどのような関係にあるかを分析しなければわからない。このリーダーのためなら、何がなんでも目標を達成すると考える場合もあるだろうし、あのリーダーに恥をかかせようと考えていることもあるよね」

「なるほど、経営者や経営陣、それに従業員や組織を見なければキャッシュフローなんて予測できないわけですね」

「人が会社を動かしている。どんなに会計上の数字が良くても、未来のビジョンがなければ意味がない。意思決定は未来の行動を決めるから。そして、意思決定に従い活動するのは、1人1人の従業員であり、従業員が目的達成のために結合した組織が、1人1人の能力を引き出す。分業と協業が最も効率的に組織され、人間関係がうまくいっていれば、未来の数字は大きな成果を生み出す。数字だけで指示したりしてもダメ。人は数字では動かない。経営者の情熱や上司の魅力が重要なんだ。どんなに素晴らしいビジネスプランも、組織が機能しなければ画餅に帰す。経営者は、冷静な分析力と情熱が必要であり、人間としての魅力がなければダメなんだ」

「そうか。大学を出て、経験も少ないのにMBAなんかに進学しても、本当の意味では肥やしにならないということですね」

「人間の見る世界は、いずれにしても恣意的なんだよ。経験もなく、社会に対する意識や問題意識がなければ、経営学を学んでも、真理を追究することの意義がわからない。かっこよく振る舞っても中身がなくてはね」

「真理の追究ができるビジネススクールは、結構面白そうですね」

「そうだね。本場のアメリカでも、小手先のノウハウしか提供できないビジネススクールは廃業に追い込まれている。実務を教える専門学校は必要だけど、ビジネススクールは専門学校ではない。人間の本能に根ざした教育を望んでいるんですよ。知欲を満たし、社会に貢献できることの喜びを教えるビジネススクールをね」

「人間は考える葦ですから」

自然科学は、自然を相手にしている。意志のない自然の解明だ。でも、社会科学は、人間が自分自身の営みを解明しようとする。しかも、単なる解明ではなく、より人間の社会が豊かになるための方法を示すための解明だ。当然、「豊かさ」に対する人々の思いが違う。生まれたときから育った環境によって思い、つまり価値観が違う。ここが難しい。

大学からの帰り道、これまでの仕事とは違った疲れを感じた。いろいろ考えさせられたな。地下鉄のホームで電車を待つ間、私は改めて今日1日の取材内容を思い出した。私も大学院に行ってみたくなった。

やっぱりチャレンジしてみたい。新聞社に転職はしたけど、まだまだ何かを変化させなくちゃ。そう思って、地下鉄に乗った。

あとがき

本書は、当初、２００８年7月に出版した『10代からはじめる株式会社計画』の続編として企画した。前作の主人公は、大学生の松田教子。

今回は30歳になった社会人である。社会人となった彼女が、もう一度経営学を考えるという趣旨である。社会人が学ぶ経営学というと、実践的でハウツーものをイメージするかもしれない。しかし、本書は実務書ではない。社会人が経営学を学ぶ意味を考える大人の読み物である。

本書は、社会人の集うビジネススクールを舞台に経営学を考える。主役の松田教子は、まったくの架空の女性である。その他の登場人物は、私が大学院で指導する学生をイメージしている。実名の登場人物もいるが、その発言内容などはすべてフィクションである。

本書の草稿段階で、大学院に在籍する学生や修了生に目を通してもらった。博士課程後期課程に在籍する小倉賢治氏と馬場晋一氏、前期課程の小嶋ゆみ氏、松浦大輔氏、西田日出美氏、砂岡範彦氏、山浦緑氏、そして、博士学位を取得した北見幸一氏、粟屋仁美氏、小具龍史氏、八木麻衣子氏から貴重なご意見を伺った。ここに改めて謝意を表す。

最後に、創成社の塚田尚寛社長には、本書の企画に賛同いただき、出版できたことに感謝を申し上げる。

2012年1月

亀川雅人

《著者紹介》
亀川雅人（かめかわ・まさと）

1954年東京生まれ。立教大学大学院ビジネスデザイン研究科（経営学部）教授。博士（経営学）。大学での講義，執筆活動のほかに，立教大学ビジネスクリエーター創出センター長として，創造的な事業構想力をもつ人材育成のための新たな研究領域の開発を行っている。主要著書には，『資本と知識と経営者』，『10代からはじめる株式会社計画』いずれも小社刊，『企業資本と利潤』，『企業財務の物語』（中央経済社），『入門　経営財務』（新世社），『日本型企業金融システム』，『ファイナンシャル・マネジメント』（学文社），その他，共著書，編著書，監修，論文など多数ある。

（検印省略）

2012年４月10日　初版発行　　略称－大人経営

大人の経営学
―MBAの本質に迫る―

著　者　亀川雅人
発行者　塚田尚寛

発行所　東京都文京区春日2－13－1　株式会社　創成社

電　話 03（3868）3867　　ＦＡＸ 03（5802）6802
出版部 03（3868）3857　　ＦＡＸ 03（5802）6801
http://www.books-sosei.com　振　替 00150-9-191261

定価はカバーに表示してあります。

ISBN978-4-7944-2389-4 C0034
Printed in Japan

組版：でーた工房　印刷：亜細亜印刷
製本：宮製本所
落丁・乱丁本はお取り替えいたします。